张祖庆 ◎ 著

给语文教师的新建议

如何从新手走向卓越

长江出版传媒
长江文艺出版社

图书在版编目（ＣＩＰ）数据

给语文教师的新建议：如何从新手走向卓越 / 张祖庆著. -- 武汉：长江文艺出版社，2020.4（2020.8 重印）
　（大教育书系）
　ISBN 978-7-5702-1452-5

　Ⅰ. ①给… Ⅱ. ①张… Ⅲ. ①小学语文课－教学研究
Ⅳ. ①G623.202

中国版本图书馆 CIP 数据核字(2019)第 286999 号

责任编辑：施柳柳　　　　　　　　责任校对：毛　娟
封面设计：天行健设计　　　　　　责任印制：邱　莉　杨　帆

出版：长江出版传媒　长江文艺出版社
地址：武汉市雄楚大街 268 号　　　邮编：430070
发行：长江文艺出版社
http://www.cjlap.com
印刷：湖北新华印务有限公司

开本：720 毫米×980 毫米　　1/16　印张：15.75　插页：2 页
版次：2020 年 4 月第 1 版　　　2020 年 8 月第 3 次印刷
字数：188 千字

定价：42.00 元

目 录

Contents

代序 一名语文教师"野蛮"的第三次生长   1

Chapter 1   那些与课纠缠不休的岁月

我的听课史   3

我的仿课史   12

我的磨课史   20

我的裸课史   27

我的说课史   33

我的评课史   41

我的辩课史   48

我的换课史   54

我的败课史   61

Chapter 2   从新手到卓越的课堂修炼

为什么听了那么多课，依然上不好公开课   69

公开课教案：从繁复走向简约   73

借班上好公开课的七条贴心建议 78

借班上课，怎样的课前谈话最有效 82

怎样让慢热的学生进入学习状态 85

同课同构·同课异构·异课同构

——磨课三部曲 89

"集体备课"的正确打开方式 93

装模作样，真真假假

——关于模拟上课的实用建议 98

每一堂好课都有一万个缺点 103

我最不喜欢听谁的课 109

Chapter 3　当我们谈语文时，我们谈什么

简而丰：语文教学的应然追求（上） 115

简而丰：语文教学的应然追求（下） 122

别让"套路"毁掉语文 129

语文课堂，要翻转的究竟是什么 135

中国语文岂能一张脸 144

语文公开课艺术化的忧思与追问

——以金克木《国文教员》为镜 156

呵护童年生态 164

说来听听，听听来说 169

Chapter 4 评课就是评自己

"笨笨"的语文课

    ——于永正老师《"番茄太阳"》教学片段赏析   177

《归园田居》与《瓦尔登湖》的相遇

    ——听干国祥先生教古诗有感   186

钱锋的"野心"

    ——读《所见》教学实录之随想   189

呵护儿童的言语生命

    ——听王文丽教《风筝》   193

儿童立场与文体意识

    ——听唐睿《美人树》阅读分享课之随想   215

习作讲评,不妨细一点

    ——听管建刚上作文讲评课   226

一堂面向低段儿童的好课

    ——评许嫣娜《地球和它的七个兄弟》   235

代序 一名语文教师"野蛮"的第三次生长

2019 年夏天，我的生命里刮起了两场台风：一场台风叫利奇马，从我的家乡温岭登陆，席卷了大半个中国；还有一场台风，是在我的朋友圈里刮起的。

台风中心，本人张祖庆。

2019 年 8 月 12 日，我在微信公众号里发布了一篇文章《辞去公职，开启全新的后半生》，一天里点赞、转发 29 万人次。这一天，很多朋友打电话问我，为什么要辞职？我都没有回应。文章已经写了，就没有必要再说。但是很多人还是嫌文章不过瘾，想追根究底。好吧，今天，就让我为大家揭开谜底。

无论一个教师身上有多少荣誉，他大概只能走过这三个阶段——职初、骨干、卓越。好多老师只能成为骨干教师，而不能成为卓越教师。其关键的原因在哪里？学者李海林先生用一个非常精准的知识结构图，进行了阐释。请大家看这张图，你就会发现——

◎ 教师专业成长与知识结构变化（李海林）

卓越教师 ▄▄▄▄▄▄▄ 缺理论
骨干教师 ▄▄▄▄▄▄ 缺反思
职初教师 ▄▄▄▄ 缺经验

▄ 原理知识（学科的原理、规则，一般教学法知识）
▄ 案例知识（学科教学的特殊案例、个别经验）
▄ 策略知识（运用原理于实践的策略，核心是反思）

在职初教师向骨干教师挺进的过程当中，好多老师一直在积累经验，但经验积累到一定程度，他不能够再往前走了，他要改变自己的思维模式，用策略去改造自己的行动。

那么，我们要深入追问的是，为什么很多教师止步于骨干，成为不了卓越呢？一个骨干教师，要想成为卓越教师，究竟哪些坎他是必须要迈过去的？

我想有这样三个关键词，也许可以回应这个问题。

第一，方向。第二，能量。第三，专注。

如果方向错了，一个老师再优秀，都无法抵达远方。

一、认识自我，准确定位

"人啊，你要认识自己。"这句西方哲学谚语，家喻户晓。可真正认识自己是非常难的。在我们中国教师职场体系里，往往是教而优则仕，从老师、学科组长、年级组长、教导主任、副校长，一路上去到校长。可是，教书好的人一定能当得好校长吗？

在我的人生历程当中，就有这样一段惨痛的经历。

也许是看我在教科室主任这个岗位上做得还不错，教育局把我派往一所相对薄弱的学校担任常务副校长。可是，我发现，生命陷于困顿，一边是自己钟爱的语文教学，一边是要面对各种各样杂七杂八的事情。我迷茫、我困顿。夜深人静的时候我问自己，我的路该往哪里走？

这个时候，一个故事闯进了我的生命：

> 帕瓦罗蒂是当老师出身的，他也爱唱歌。有一天他迷茫地问父亲："父亲，我究竟应该往哪里走？"
>
> 父亲端过来一把椅子，"儿子，请坐。"

"我坐哪里呢？"

"你想成为什么人？"

帕瓦罗蒂说："我想成为一名歌唱家。"

"那好，请你坐在这一把叫作歌唱家的椅子上。"

于是帕瓦罗蒂辞去了教师工作，认真地练嗓子。

有一次机会。主角嗓子沙哑，帕瓦罗蒂登场技惊四座，于是他在乡村影剧院迅速走红。演了9年之后，更大的一个舞台，帕瓦罗蒂又一次遇到了一个主角嗓子沙哑，他又一次从跑龙套的角色顶替，又一次技惊四座。

可见在成功的路上，你要有充分的准备，更要遇见一个随时嗓子都会沙哑的主角，你才能够崛起。读了这个故事，我毅然地辞去了自己的常务副校长的工作。

辞去职务，回归语文，脚踩大地，我才感到浑身的自在。因为，我生来就是属于语文的，在语文的天地里，我可以自己做主、安身立命。

美国总统富兰克林说过：宝贝放错了位置，就是废物。每一个人都是母亲眼中的、口中的宝贝。可是我们在职场上，却常常成为别人眼中的废物，为什么？因为位置放错了！所以一个人，把位置放对是最幸福的。

二、持续阅读，汲取能量

我想和大家分享这样一个故事——

在非洲草原上，有一种草叫作尖毛草，它被誉为草地之王。可是在最初的半年里，它几乎停止了生长，人们根本看不出它是草地之王。但是在雨水充沛的季节，它仿佛被施了魔法，两三天就长到1.6

米到2米的惊人高度。植物学家开始研究，发现尖毛草它一直在生长。它可以把自己的根部扎往大地深处28米之深，根深才能叶茂。

阅读是长根的事业。要想成为一个卓越教师，必须要根植于深厚的阅读。于我个人来说，其实我没有太多机会参加各种各样高大上的培训。我个人职业生命发展的过程当中，遇到了很多贵人，他们一直提携着我，当然，更重要的是我一直在读书中进步。

我读得最多的当然是文学作品。当然也不仅仅只是文学作品，我还读各种各样的闲书，读有字之书，也读无字之书。在学校里边，我经常问一些年轻教师，我说你们最近在读什么？他告诉我，在读某某某。我说这是什么？他说这是哲学。我说某某某的那些哲学小品大抵是心灵鸡汤，它对你没有害，但它没有办法真正打开你的认知。

不要害怕深度阅读，那是你通往未知世界的路。我经常跟年轻教师说，要读一点有思想的书，要读一点有历史精神的书，读了这样的书，我们才能拉大自己的格局，才能从"小我"当中跳出来。阅读，才能让一个老师持续往前走。

我经常跟年轻教师们说，你能不能冒出来，最先可能取决于你的灵气；你能不能走远，关键看你的底气。为什么很多参加全国比赛获大奖的老师，走着走着就没有声音了。因为他已经把前半生的灵气用光了，底气不足！而底气哪里来？底气，是从书堆里冒出来的。

还有的老师，读书喜欢到处挖坑。朱光潜先生是这样说的："学问如作战，须攻坚挫锐，占住要塞。目标太多了，掩埋了坚锐所在，只东打一拳，西踏一脚，就成了'消耗战'。"

所以我提醒自己，阅读要聚焦、聚焦、再聚焦，一年深入阅读一类书，深入地阅读一个作家，慢慢地让自己在某一个领域能够深入下去。总体来说，文史哲的阅读始终是一个教师的背景。职初教师，多阅读案例方法类的书籍；骨干教师阅读基础经典与理论，而卓越教师就需要深度的、穷尽式的阅读。

三、专注一项，练就绝招

除了阅读，要想成为卓越教师，还有一道坎需要迈过去，那就是要专注。凡是真正有成就的人，无不异常专注。

这里，我顺便回应，我为什么要辞去公职？在辞职之前，我担任区教师教育学院副院长职务，工作开展得总体也颇得心应手。2019年5月，我被区人民政府评为第二届工匠——教育系统至今我是唯一的一个。就在大家看好我的发展的时候，我把自己给"开除"了。因为，有一天，我读到了这样一段话，它引发了我的深思。斯蒂芬·茨威格说："一个人生命中最大的幸运，莫过于在人生的中途，即在他年富力强的时候发现了自己的使命。"

我关注到全国各地太多年轻的教师，在参与各类培训的过程中，常常是为了拿学分，在打卡，学得无精打采；不少打了卡之后，甚至逃离培训现场。我经常痛彻心扉地感觉到这些老师，常常无法解决工学矛盾，却不得不培训，培训了之后又要回到学校，填补自己的萝卜坑。我也看到，有些非学分的培训，却常常到最后半天，依然全场无人离去。连身怀六甲的老师，都坚持到最后。

一线教师，对优质的培训，是多么地渴望！

有没有可能，以自己的方式，让这些年轻的教师，哪怕是极少极少的年轻教师，能够从我举办的培训当中学到一点什么？也许我无法改变太多，但是我可以从身边的一点一滴做起，做小众的、深度的、行动至上的培训。我依然可以把体制内好的培训思路搬过来，更加创造性地设计一些好玩的项目。

于是，我选择了一家安静的民宿——谷里小院，在民宿里边开了一个书院，叫作谷里书院，做起了五六十人的小众培训：电影课程、深度读书、写作课程、亲子教育……我还可以邀请作家、名师，做网络公益直播，还可以开设网上的课程。

我希望，更多的老师、家长、学生，因为我的探索，少一些迷茫，多一些坚定。

于是，我的生命，在谷里书院，掀开了崭新的一页。这，算是我的"野蛮"的第三次生长吧。

我深深地知道，我的课程，我的探索，永远无法成为主流。但是，这何尝不是教育生态的一种有机组成？

一个老师，要想成为卓越的自己，必须要专注于一项，成就自己的品牌。公开课、论文、家常课、课程，都是可以专注去做的。就看你怎么选择。你想选择的点太多了，你就没有办法深入。

在中国，可以做校长的数以千计，把某一类培训做深入的，也许可以更多。只要专注，我想，任何看起来"野蛮"的生长，都可以开出美丽的花朵。

专注，可以让一个看起来资质平平的人，取得非凡的成就。沈从文当年在西南联大，是没有多少地位的。西南联大有一个怪教授，叫刘文典，他曾经奚落沈从文，跑警报的时候，他一把拉住沈从文：人家陈寅恪月薪100元，他留下来是为了研究国学，我刘文典月薪10元，活下来是为了研究庄子。你沈从文，月薪一元，跑什么跑？

刘为什么这么看不起沈从文？因为当年沈从文在西南联大给张兆和他们上课的时候，拿着一沓稿子，站在台前，颤抖了5分钟，说不出一句话。可是沈从文专注于自己的教学，他喜欢用自己秀逸的小楷，给学生作文做批注，他的批语甚至可以超过学生的篇幅。他推荐的学生作文不断地发表，后来他成了受学生爱戴的一位老师。

沈从文，用自己的专注，成就了自己的品牌。

木桶理论，在"互联网+"思维下，也许是可以发展的。比方说当我们把木桶倾斜的时候，决定盛水多少的不是最短的那一块板，而是最长的那一块板。常常，我跟年轻老师说，你不要到处去补短板，短板补得差不多了，你要去练就自己的绝招，专注地练自己的绝招。

就拿我自己来说，我要补短板，我有很多的短需要补，我的普通话温岭海鲜味儿非常浓，比激情我永远比不过窦桂梅，比诗意比不过王崧舟，比睿智比不过薛法根，但我可以跟他们比 PPT 制作技术。

一个教师，要想走向卓越，要有第三次生长的勇气。要敢于"野蛮"地长，要把自己的绝招亮出来，要坚持做自己！

总结一下，"互联网+"时代，教师成长的密码：加固底板，积蓄力量；加高短板，自我调校；拉伸长板，形成品牌……

品牌怎么形成？十年磨一剑！

我的电影课程整整做了 15 年。从 2004 年开始到 2019 年，我的电影课程经历了这样 4 个阶段：从最初的萌芽状态，到觉醒，再到开发，最大升级，终于用 15 年磨成了一本小小的书。虽然这本书还很稚嫩，但它毕竟填补了一个小小的空白——用电影教作文。

做自己的过程中，我也专注于写作。这几年，一路走来，我一直坚持做自己的微信公众号，从 0 个粉丝开始做到了现在 20 万+，而这 20 多万粉丝也是支撑我能够走出体制，自己做事情的一个强大后盾。

一直写一直写，就能写出一片新天地。未来的两年，我将还有近十本书（专著+编著）要出版。

越剧《班昭》里有这样一句台词："从来学问欺富贵，好文章出自孤灯下。"后来我觉得这句话当中的"富贵"跟"学问"好像没有必然的联系，于是我把它改成——"从来学问欺浮华，好文章出自孤灯下。"

对那些一年立项两年结题，三年就取得全国一等奖、特等奖的课题，我常常是持怀疑态度的。板凳甘坐十年冷，文章不写半句空，这样才能真正把学问深入做下去。

在未来，我愿意在这样的一个民宿书院里，读书、写书，做点小小的培训。线上的、线下的，都可以做。

离开体制，拥抱教育，这就是我的"野蛮"的第三次生长。

我们的教育，需要一些"野蛮"的另类生长。我们的教育，总需要一些人，守得住初心，抵得住诱惑，经得住考验，耐得住寂寞。

Chapter 1

那些与课纠缠不休的岁月

我的听课史

1

当了三十年语文老师，听了三十年语文课。一部听课史，也是一部成长史。

我听的第一节公开课，要追溯到1988年——那是多么遥远的往事啊。

1988年春天，我在温岭师范读二年级。按照惯例，二年级要到学校听见习课。

我们被安排在当时温岭最好的小学——方城小学。跟着文选课教师王惊鸣先生，走进了方城小学五年级教室。黑板上，写着"少年闰土"几个有力潇洒的粉笔字。一位中年男教师，站在讲台前，微笑着看着我们，露出一颗金牙齿。

后来得知，这位教师，叫林金迪，是方城小学高段头牌语文名师。

课怎么上的，全忘了。只记得好玩，笑声四起。

讲到"雪地捕鸟"这一节，文中有"秕谷"一词，林老师分别从不同的口袋里，掏出两把稻谷，让学生分辨哪个是"秕谷"。学生一下子就认出，不饱满、干瘪的一堆，是"秕谷"。

"闰土为什么要用秕谷，而不用饱满的稻谷抓小鸟雀呢？"林老师的追问，很有意思。

那时，不懂怎么听课。只觉得这课，好玩。

好玩，就是好课。

2

成为教师后，我听得最多的，是隔壁班江老师的课。

江老师是海岛当地人，民办转正。人朴实，课也朴实。他朴实的家常课中，常常藏着耐人寻味的东西。

《田寡妇看瓜》《冀中地道战》《小英雄雨来》《大理石街》（多么久远的课文啊）……我听了江老师很多节课，每节课，总有一个地方，让我意想不到。

江老师讲《大理石街》。他让学生找找，课文哪一部分写得很美。很快地，学生找到了后面四段，并从字里行间体会到了大理石的美。

"既然你们都认为，后面四段是写得美的，那么，我们干脆把课文前面写大理石街不美的两段，删掉。你们看怎么样？"

江老师的问题，让教书不到一年的我，心里"咯噔"了一下！

是啊，为什么要写大理石街的平平常常、其貌不扬？删掉，不好吗？

孩子们开始读书，认真地思考。课堂，异常安静。

慢慢地，举手的孩子多起来了。

"没有经过加工的大理石，其实是不美的；只有经过加工，才美。写不美的大理石，是为了突出劳动的美好！""这叫欲扬先抑。开始没让人觉得大理石街的美，慢慢地，发现了它的美。美，常常藏在不平凡的事物中。""整篇课文，其实都是围绕着最后的中心句写的——'美，是在劳动中创造出来的。'"……

孩子们的思维，异常活跃；精彩的发言，令人赞叹。

这课，有味。

有味，就是好课。

3

教书第二年，我有幸听到一节堪称完美的课。

这节课叫《别了，我爱的中国》，上课者，徐秀春，男。

大概1990年下半年，温岭县教研室在钓浜乡中心小学举行全县语文教研。那时，一场全县的教研，绝对可以称得上盛会。

彼时，交通不便，路远的老师，早早抵达钓浜乡。课，是放在钓浜乡政府上的。

依稀记得这次教研活动，上了两节课。一节是周老师的《小音乐家扬科》，还有一节，就是让我至今念念不忘的《别了，我爱的中国》。

因年代久远，《别了，我爱的中国》一课，具体的教学思路，我一点都记不起来了。只记得课堂上的徐老师，一举手一投足，都无比潇洒。整节课，行云流水，一气呵成。教师与学生，非常融洽。课上的徐老师，俨然魔术师，用他精心的设计和精彩的演绎，呈现了一节堪称魔术一样，变化无穷的课。

我崇拜得五体投地！

听课回来，我在心里暗暗发誓：一定要成为像徐老师那样具有高超课堂艺术的老师。

行云流水，才是好课啊。

4

再后来，我也开始上公开课，听的课也越来越多。

1993年那会儿，我有幸随教研员参加台州市中青年教师教学观摩活动。温岭陈可人的《小站》一课，设计精到，演绎精彩，力拔头筹。

那节课，陈老师紧紧抓住小站的"小"，体会小站工作人员的奉献精神。

其中，印象最深的，是那块"小黑板"。

课文原文，是这样的——

小屋左面有一张红榜，上面用大字标明了二百四十一天安全无事故的记录，贴着竞赛优胜者的照片。红榜旁边是一块小黑板，上面用白粉写着早晨广播的新闻和首都报纸摘要。

陈老师让大家把"小黑板"三个字圈起来，问大家：这小黑板，很小很小，要把早晨广播新闻和首都报纸摘要写上去，得做哪些工作？

"首先得认真听广播，把广播内容记下来。""再是认真选择，从中选出乘客可能感兴趣的内容。""然后，把相关内容抄上去。""最后，是画一些美观的插图。"

陈老师又问：一年更新一次，其实并不难，关键是"早晨广播的新闻"，这说明是每天更新一次！这说明？

"小站工作人员很用心，一切为顾客着想！""小站工作人员，有着一丝不苟的工作态度和敬业精神！""是啊，小站，不小啊！"一切，水到渠成，画龙点睛。

课，因这样的细节，亮起来了。

细节亮了，课也就亮了！

5

2000 年，我有幸赴杭州参与浙江大学薛志才老师举办的"西湖之春""西湖之秋"。在这些活动中，我第一次聆听于永正、支玉恒、贾志敏、靳家彦、徐鹄、张伟、贺诚等名师的课，我被他们高超的教学艺术所折服。在我眼里，每一位名师，都是教学艺术家，一颦一笑一板书，让人回味无穷。

最迷恋的，是王崧舟老师的课堂。

王老师上《长城》一课。其精美的课件、诗意的语言、工整的排比，一下子吸引了我和伙伴们——

师：（深情地）同学们，这就是我们的万里长城；这就是我国古代最伟大的建筑物——万里长城；这就是气魄雄伟的万里长城；这就是建筑年代久远的万里长城；这就是工程浩大的万里长城；这就是施工艰难的万里长城；这就是用古代劳动人民的血汗和智慧凝结而成的万里长城；这就是令中华民族骄傲和自豪的万里长城；这就是永不低头、永不流泪的万里长城；这就是象征着中华民族百折不挠、坚强不屈的万里长城；这就是我们的万里长城！（鼓掌）

台下的我们，听得痴痴的。

这样的课堂，好诗意啊！

诗意的课，就是好课啊。

6

2003 年，黄岩体育馆，支玉恒先生现场展示《太阳》。《太阳》一课，在支先生的众多课例中，是一座高峰、奇峰。先生此课，把语文演绎到了极致。

"大队长""中队长""小队长"的形象比喻，一下子把说明文逻辑关系梳理得清清楚楚。

而后面的关联词层递式造句，则把太阳的一般特点与人类的密切关系，前后贯通起来，更是妙不可言。

请允许我当一回文抄公，摘录课堂的精彩片段——

师：咱们先做个练习：课文后面的练习题里面要求我们用"如果……就……"造句。要是我现在就让你们造句，肯定没意思。"如果天气下雨，我就带雨伞。""如果我病了，就请假。"这样练习还有没有意思？

生：没有意思。

师：咱们换个样子。（把"如果"写在黑板上部的空白处，把"就"写在黑板下部的空白处）怎么说句子呢？"如果……"后面的话，必须说"一般特点"里的内容。比如："如果太阳离我们很远"——"一般特点"里的所有内容都可以说。"就……"的后面要说"关系密切"里面的内容。比如："就不能杀菌……"就像这样来说，谁能说？

生：如果太阳表面有六千多摄氏度，就能杀菌防治疾病。

师："如果"和"就"后面的内容是从上、下两部分板书中选出的，这一点对。但句子有问题：太阳表面温度实际上就有六千摄氏度，不能再假设它——假想它有六千摄氏度。

生：如果太阳表面温度不高的话，就没有杀菌、防治疾病的作用。

师：这个假设就对了。因为太阳的温度就是很高，我们假设它不高。是假想的情况。

生：如果太阳表面温度没有这么热，就没法形成气象变化。

师：好，看来这样说难不住你们。我再加点难度行不行？

生：行。

师：在"如果"后面加个"不是"，再加个"而是"，这会说吧。

生：如果太阳表面温度不是六千摄氏度，而是两千摄氏度，就不会有杀菌作用了。

生：如果太阳离我们不是一亿五千万公里，而是很近，那就不会形成生态环境。

师：看来难不住你们，我再增加一点难度——

生：（脱口而出）"就"后面再加一个"也"，加一个"更"，再加一个"当然"……

沉默，死一样的沉默。

潇洒的支老师，愣了三四秒钟！

学生说出的关键词，是自己精心设计的。学生，居然知道自己要提什么问题?!

咄咄怪事!

沉默了一会儿。支老师严厉地问："你怎么知道我要用哪些关键词?"

学生支支吾吾："我们老师……怕我们答不出来……给我们讲过！"

支老师把粉笔一扔，强压住火气，貌似平静地说："老师怎么可以这样！都讲过了，课还这么上?! 既然你们知道了，这句子，不造了！下课！"

场上、场下，一阵尴尬。

课间休息，带班的老师过来，尴尬地向支老师解释："支老师，不是这样的，是孩子们事先看了课堂实录……"

支老师一言不发，默默地点燃了一根烟。

那根烟，一直点在我记忆深处。

支老师的课，几乎有着所有好课的特点：好玩有趣、耐人寻味、行云流水、洒脱不羁、细节完美、诗意盎然……然而，比起下课前的这一幕，这些，似乎都不重要了。

真，才是好课的魂啊。

7

调离温岭，来到杭城，我自己也成为经常被人听课的老师。此后的十几年，我也继续听大量的课，听到了一节又一节好课，也听到了一节又一节让我揪心的课。

慢慢地，我发现，对于什么是好课，我的看法逐渐在改变。我不再把"好玩有趣、耐人寻味、行云流水、洒脱不羁、诗意盎然"当作好课的唯一标准。甚至，对有些标准，我产生了颠覆性的认识。

"真"，成了我对一节课真正值得学习的新标准——

学生是否真正在思考、真正在主动学习语文？

教师是否在真正教学生思考、教学生主动学习语文？

课堂是不是真的让每个孩子在思考、在主动学语文？

精彩是教师个人的精彩还是教师唤醒学生，让每个学生真的走向了精彩？

……

听课越多，我也对导师于永正先生的话，有了更多的体悟——

如果我再教小学语文，我会引导学生多读书，好读书，读好书，读整本的书。不但多读，还得多背——在初知大意的基础上，多背点经典诗文。因为我明白了，学语文靠的是"童子功"——12岁以前，是人学习语言的最佳时期。这期间，人的记忆力最好而理解力弱，一定多背。幼学如漆，小时候背熟的东西一般不会忘记。我会引导学生在语文实践中养成读书读报和动笔写作的习惯。因为我明白了，教育说到底，是培养人的习惯，学语文是个慢功，是一辈子的事情。人一生以读、写为伴，才会有成就。"讲之功有限，习之功无已。"（清颜元语）"导而弗牵"是教学的真谛。教师时代应该成为历史，取而代之的应该是导师时代。人生是花，语文是根。在我的引导下，每个学生的"根"会长得粗壮、有力。

我渐渐明白，好课，要少点花拳绣腿，少一点形式创新；好课，要慢慢回到语文，回归真正的语文学习。

——以上，便是我的听课史，也是我的"好课观"变革史。

我的仿课史

我"山寨"过很多名师的课，如果把模仿说成"山寨"的话。

于永正、支玉恒、贾志敏、左友仁、李吉林、张化万、杨明明、张伟、贺诚、王崧舟……这些名师的课，都曾被我"山寨"过。有的，还不止一两节。

我就是个地地道道的"山寨王"。

1

毕业第一年，我在海岛浑浑噩噩度日。一次死里逃生的经历（详见《张祖庆讲语文》第一章），让我振作起来。

我忽然变得上进，开始认真上课。除了常常去江老师那里偷听外，最佳学习途径，便是阅读名师课堂实录。

1990年前后，于永正先生的交际作文，在《小学青年教师》（后更名为《小学教学》）上连载，我便在自己班级一篇一篇地模仿。有仿得像的，也有画虎不成反类犬的。

仿得最成功的是先生的《草》。至今以为，先生的《草》，是古诗教学中的绝品。先生借助简笔画，融释词、解句、背诵于一体的教法，简直妙绝。

先生让学生把"野火烧不尽，春风吹又生"的意思画出来，以及扮演耳背的老奶奶，将"一岁一枯荣"念成"一岁一窟窿"的场景，至今如在眼前。

在自己班上，不过瘾，又到低一个年级的班级上一遍，还是很成功。

虽是克隆教案，但良好的课堂效果，给了我极大的信心。后来，我又模仿了先生的《月光曲》《惊弓之鸟》等课，都很成功——《惊弓之鸟》一课，还在比较大的场合，作为公开课上的。

那时，互联网尚处于萌芽期，偶尔仿一下名师的课，大家也仿佛觉察不到。于是，心安理得地，把"山寨"当"原创"。且，无端地觉得，自己是块教书的料，将来也许能成为特级教师。

那时，李吉林老师的情境教学法，甚为流行。我找来李吉林老师的课，也试着模仿，但怎么都仿不像。《桂林山水》，美美的课文，美美的文字，可我就是无法创设美好的情境。自己压根儿没走进文字世界，学生也无法被我带进去。

我不死心，继续尝试情境教学法。有篇课文叫《赶羊》，是篇习作例文，讲一个少年怎样通过艰苦的努力，把羊赶进羊圈的事儿。我采用"表演再现情境"的方法来教。

结果，可想而知。一个学生表演羊，我表演赶羊的孩子。整堂课，学生嘻嘻哈哈，课文却没有完整地读一遍。

校长坐在教室后面，全程铁青着脸，一言不发，走了。

2

同样是模仿，为什么有的仿得成功，有的却一败涂地？

我陷入沉思。

认真总结，我发现，原因可能有三：

第一，风格吻合度。于永正老师的课，幽默清新，一派天真。而我，打小就是个顽皮娃，淘气，爱玩。某种意义上说，于老师的课，颇契合我的天性。顺应天性，于是，容易上手。李吉林老师的课，诗意、优美，让人如坐春风。但我这么个大男人，怎么也诗意不起来。性格不合，模仿不成。后来，我也曾模仿王崧舟的风格，也因自己无法诗意，仿了一两节课，便不再刻意去仿。

第二，教案熟悉度。上于老师的课，我是反复熟记每一个环节，甚至每一句评价语。我事先是抄过于老师的课堂实录的，于老师在课堂里的每一句话，我都倒背如流。而且，模仿过于老师的多节课，于老师的风格，我驾轻就熟，模仿，水到渠成。但李吉林老师的课不同，我没有模仿过，一上来，就模仿难度颇高的《桂林山水》，不失败才怪。更甭说是模仿其理念，创造性地上《赶羊》一课了。情境教育的理论精髓没吃透，却在形式上模仿，不失败，才怪。

第三，生成把握度。名师的课，常常是上过多遍，因此，他们遇到各种情况，都能做得处变不惊，应对得当。做教师不久的我，遇上学情和名师的班级相仿，尚能顺利应对；若学情完全不同，学生不按"套路"出牌，某个关键问题没处理好，或者生成的机遇错失了，课便进入一个完全不同的状况。

想至此处，我便释然。

一边，继续选择模仿于永正先生的口语交际课，一边找一些上课比较洒脱的男教师的课——比如贺诚的《草船借箭》，我仿得挺成功。每次上课前，我都努力抄一到两遍课堂实录，再把课堂实录压缩成教学设计，把每一个环节要点，写在书上，把一些画龙点睛的评价语，抄在书上。遇到模仿砸了，便进行"复盘"，琢磨究竟是哪个关键环节出了关键问题，出现问题的原因是什么，如何改进？于是，找机会再上一遍；一遍不行，再上一遍。

上着上着，课有了长足的进步，我也有了底气主动邀校长来听课。

校长笑了，终于肯让我在乡里上公开课了。

3

后来，我的模仿聚焦到两个人身上。一个是贾志敏，一个是支玉恒。

《贾老师教作文》系列，我大概是在1993年前后接触到的。彼时，贾老师教作文的视频，火遍大江南北。我印象最深的，是贾老师的现场点评的功夫。先生能够在一瞬间听出学生习作中的语病，并能在瞬间给出修改建议，让我佩服得五体投地。

比如，"我拿出一沓厚厚的人民币"一句，先生告诉学生，"人民币"，怎么是"厚厚的"？应该是"我拿出厚厚一沓人民币"。这样几乎忽略不计的语病，先生能在0.5秒钟做出判断，其语感，到了出神入化的地步。

于是，我找来贾老师的所有教学录像和他的作文课实录，一节一节看，一节一节仿。居然仿得越来越像。有老师评价，我的作文课，有贾志敏老师的风采。

心里窃喜！

2008年12月25日，我在广东参加几家杂志社联合举办的"作文擂台赛"。主办方让我当擂主，我上的是想象作文课《畅想图书馆》，台下，坐着尊敬的于永正先生和其他评委。

课上，我非常注重对学生语病的即兴诊断与现场点评。由于头脑风暴环节到位，孩子们话匣纷纷打开，我在课堂上也有好几处即兴的点评——

生：……当你看完书后，准备离开（师："当你看完书后"这句话，直接把"当"和"你"删掉，是不是更简洁？——看完书后。）

生：看完书后，过了一条图书馆的红色感应线，那它就会乖乖地回到自己的"家"（师：张老师特别欣赏这个地方，你看"乖乖地回到自己的'家'"，把这椅子当作人来写，特别棒！）

生：等待下一个主人。更神奇的是，只要一被主人"命令"，它就会乖乖地排成一排（师：嗯，又是一个"乖乖"的，很神奇，不过"它"后面得加一个字，加什么字呢？学生齐声——们，是它们。师：对，这里应该是"它们"，因为不是一张椅子，你再把这句话读一读。）

生：它们就会乖乖地排成一排，开一个小型会议。怎么样，神奇吧？我相信它会名声大噪，响彻世界的。（师：这里的"怎么样"应该另起一行。感谢这位同学！）（掌声）

于永正评：面批是贾志敏老师的一绝。张祖庆老师的耳朵很像贾老师，能在瞬间听出学生的语病并即刻纠正。"当你看完书后"一句，我当时都没有看出"当"和"后"的关系。

这次展示，台下坐着好几个杂志社的主编；我的作文课，也因此走向了全国的舞台。于永正老师很是兴奋，当场夸我的课进步很大，主动提出帮我点评课堂实录。

后来，于老师的点评，连同我的课堂实录，刊登在《语文教学通讯》小学刊上，我也成了该期杂志的封面人物。那时，我还不是特级教师，能享此殊荣，真乃喜出望外。

我想，这一切，主要归功于"仿课"之功。

不过，这个时期的仿，我不再是表面追求"形似"，而是努力追寻内涵的"神似"。

我模仿支玉恒先生，经历了三个阶段：

第一阶段，"形似"阶段。我仿过先生的很多课，《曼谷的小象》《再见了亲人》《西门豹》《丰碑》《第一场雪》《太阳》《鸟的天堂》……这些课，我都能仿得惟妙惟肖。

第二阶段，"神似"阶段。我曾经花时间研究支先生课堂上的对话艺术。支先生在课堂上和学生的对话，有着高超的艺术。我曾经归纳了他课堂理答的几大技巧——

"归谬法"——顺着学生的错误回答，归纳出让人啼笑皆非的结果，让学生自己省悟；

"反诘法"——学生回答错误的时候，反问一句：是吗？让学生自我纠错；

"问题回家法"——让学生记住自己提的问题在哪里，教师在书上记下提问学生的学号，教学时，将问题抛回到学生那里去；

"追根求源法"——打破砂锅问到底，直到把学生错误回答的根源揪出来；

"存疑法"——一些无关紧要的问题，当堂存疑，绝不旁逸斜出。

……

每一种方法，都能找到相应的课例来印证。

后来，我不再亦步亦趋模仿先生的课，而是从整体上学习先生的教学风格。先生在课堂上的举重若轻、纵横捭阖，慢慢地移植到我的教学中来。我的有些课，也逐渐得到了全国各地老师们的喜爱。

第三阶段，我开始研究先生们（支老师、于老师等）的学生观、教学观。"形而下者谓之器""形而上者谓之道"，教学，既要研究技法之"器"，更要研究技法背后的"道"——语文教学的规律、儿童成长的规律。

慢慢地，"用语文的方法教语文""简简单单教语文""儿童的语文"等理念，植入了我的内心。我一次次地提醒自己，语文，姓"语"；语文，姓"小"；语文，是"儿童"的语文。

在几位先生一次次耳提面命下，在一节又一节课的打磨中，我逐渐明白：语文，要教得"简约而丰满"。于是，有了《抵达简约而丰满的境界》一文。在此文中，我第一次较为明确地提出了我的语文主张。"简而丰"，成了我教学风格的自我追寻。

4

布封说"风格即人"。教学风格，最后即是教师人格的缩影。"风含于神，骨备于神，骨备于气，知神气则风骨在其中。"（清·李重华）一个教师最终风格的形成，必定是因其独特的人格。

我尊敬的张光璎先生常常告诫我，人品大于学问，要想上好课，先要做好人。做人没学好，课格高不到哪里去。

从这个意义上说，模仿名师上课，最终真正要模仿学习的，是名师的人格。到了后期——慢慢地，我也上了不少公开课，我不再刻意学习任何一个人的一招一式，而是把功夫花在向各位前辈、同辈名师乃至草根明师的人格学习上。（其实，一直以来，我不只学名师的教学艺术，草根教师的很多家常课中的绝招，鲜活实用，充满生命活力。我常常从他们那里学到很多。）

我深深地知道，我这个人，率性、粗放，不拘小节。我无法上出很细腻、很诗意的课，但我可以放大我性情当中的"粗放"的一面。这种"粗放"，被王崧舟先生提炼为"豪放"，他在《印象祖庆》一文中这样勉励我——

天赋祖庆以职业性情的豪放、事业追求的豪迈、生命愿景的豪壮、人格标识的豪爽，那么，作为当代小语界的豪士，语文教育的弘毅必将是他义无反顾、自然而然的一种生命的担当、一种灵魂的安顿。

我深知，我一辈子都无法成为"小语界的豪士"——这是崧舟先生对我的勉励，也是我在向诸位前辈名师和同道朋友学习过程中，对自己专业生命的自我确认。

"见贤思齐焉，见不贤而内自省也。"活到老，学到老，慢慢地，仿的，不再是课，而是人。

把人做好，课也许慢慢变得更好。

仿其形——悟其神——学其格，这便是我的仿课三部曲。

我的磨课史

我没有痛不欲生的磨课史，因为，我没有（或没资格）正儿八经参加过国家级大赛。

我庆幸没有这样的资格和经历。

从教以来，无论什么级别的课，同一个内容，我从没超过三次以上的前期打磨。

我的磨课史，总体来说，是一部嘴角上扬的成长史。

1

第一次比较重要的磨课，要追溯到1992年上半年。

那是我进入教师队伍的第三个年头。县教研室要在松门区小举行一次教研活动——说来，这还是一次理念非常前卫的教研——三位老师接龙上同一课文。我们选的课文是《在仙台》，鲁迅的名作。一位老教师上第一课时，学长陈子良上第二课时，我，上第三课时，所谓压轴！

说实话，那时根本不知道第三课时有多难上——课的成败，完全建立在前两课时的基础上。

初生牛犊不怕虎，大概说的就是我吧。

教研室毛昉老师、杨庆生老师把我们仨召集在松门小学，分析教材，确定教学内容，各自备课，再集中磨课。

记忆中，只教了两遍，两位教研员给我们提了点意见，便定稿了。

毛昉老师在试教中，再三提醒：语文教学，一定要抓牢语言文字。要做好两个"ding"。一个是"盯"，要善于敏锐地揪出牵一发而动全身的重点词句；另一个是"钉"，要像钉钉子一下咬住不放，重锤敲打，反复推敲。

我记住毛老师的话，牢牢抓住藤野先生批改鲁迅作业的几个细节，与学生一起，反复玩味。

课，上得很成功。

我的偶像秀春老师，竟然给我写了一封信，夸赞我"将来前途不可限量"；

我敬重的林煜才校长，拍拍我的肩，问我愿意不愿意调入松门小学工作。

虽然，我没有调到松小，但这次成功的磨课经历，开启了我语文生涯的序章。

2

第一次大型公开课成功亮相，我在县里慢慢小有名气。渐渐地，公开课多起来。乡里，区里，县里，经常有机会上课。我的名字，也渐渐被温岭小语界熟悉。

1995年4月，我被推荐参加台州市小学语文青年教师优质课评比。据说，一等奖第一名，将被推荐到省里参赛；省里第一名，被推荐参加全国比赛。

那是我教书的第6个年头。

机会千载难逢，于是认真磨课。

我选了《麻雀》一课。为什么选这课，我也说不上来。大概是被屠格涅夫的文字所打动吧。

让我纠结的是，这课，前辈名师陈可人先生已有经典演绎，无论怎么上，都无法绕过他的设计。

试教，无感。

教研室两位老师，掩饰不住失望的表情；我，也对自己失望透顶。

第二次试教临了，毛老师提了一句：陈可人的风格，跟你不一样，你老想着他的教案干吗？你要成为你自己！

"你要成为你自己！"毛老师的话，一下子击中了我。

于是，我大胆颠覆了教学设计，找到贴图+情感导读的路子来上。

我和同事一起，反复朗读文本，直到把自己都感动哭了为止。

读着读着，老麻雀的形象丰满起来了；读着读着，我慢慢地走近了文本。

第三次试教，出乎意料地成功！

两位教研员长长吁了一口气。

比赛，取得了良好的效果，我获得了一等奖第二名——若不是猎狗贴图屡屡从黑板上掉下，我完全有可能作为台州市的代表，参加省里的比赛。

不过，我不遗憾。有些缺憾，恰恰是成长的动力。

3

1999年，我从温岭 H 校调到 T 校。磨课的机会，更多了。

T 校有很强的语文教研团队。这个团队，以志斌大哥为核心，凝聚了几位在温岭教坛赫赫有名的语文强将。大家为年轻教师的比赛而磨，也为日常的教研课而磨。有时候，谁突然对某节课有了新想法，便主动招呼磨课小组，一起打磨。

这样的磨课，很是愉悦。氛围宽松，畅所欲言。常常，为了一个词语、一句话的教学，争得面红耳赤。

几位大将各有自己的风格。常常谁也说服不了谁。这时候，志斌大哥便会挺身而出，理出自己的大框架。临了，他总是谦逊地说，我的，只是初步想法，一切，以你们自己的想法为准。

"试试看吧。"常常是志斌大哥的结束语。于是，大家用自己的思路去试，谁的效果好，听谁的。

毫不夸张地说，T校的五年，是我专业成长的第一个黄金年华。

2002年12月，我有机会参加全国多种风格流派教学观摩比武（华东六省市，非小语会组织）活动。我以一课《登山》获特等奖（这课，也只试教3次）。这奖，肯定沾了东道主的光；但我相信，不是东道主，我也能获得特等奖。这点自信我有。因这个特等奖，此后，很多好机会都降临到我身上，我慢慢走出了温岭，走向了台州、杭州乃至全国。

我常想，没有T校五年淬炼，资质平庸的我，大概是走不出温岭的。

人啊，很多时候，际遇真的很重要。没有际遇，一身才华亦奈何；有了际遇，才华平平亦出众！

4

在温岭教书15年后，34岁那年，我被王崧舟先生引进到杭州拱宸桥小学，开启了我第二个15年教育生涯。

在拱宸桥小学，我目睹了崧舟先生打磨《二泉映月》的全过程，三次教学，截然不同；虽未在第一时间看他演绎《长相思》，但崧舟先生为上这节课所做的课前功夫，让我印象深刻。崧舟先生的磨课，其实是"功夫在课外"。

我带一个班，除用心上好每一节家常课，也在双休日去一些地方上课。有机会与于永正、支玉恒等先生零距离接触，耳濡目染，获益良多。

于永正先生告诉我，当教师，一定要多琢磨。多琢磨，才能上出好课。他有一篇随笔，题目就是《崇拜思考》。先生经常告诉我，教师要把工夫花在"功夫"上。要好好练朗读，要好好练板书，要好好写批注。教师只有提升自己的基本功，才能更好地上好课。千万不能本末倒置，把太多时间花在一遍又一遍打磨一节课上，否则，只会上这节课，其他课，还是不会。

有一年，先生来到我所在的学校上课，我看到生字表下方工工整整的生字抄写，我目睹他蹲下、侧身示范最难写生字，我看到他秀逸工整的圆珠笔批注。我才明白，什么叫"把工夫花在'功夫'上"！

于老师常说，教育的第一个名字是影响。他告诫我，与其花更多时间磨课，不如更多地磨自己——打磨自己的教育思想、磨炼自己的教学技能。自身水平提高了，课的水平，也就提高了。

支玉恒先生也反复强调，语文教师备课，一定要裸读原文。也就是说，备课之前，不翻阅任何参考书和教学实录，原原本本地，大声读一遍课文。读完，把课文反扣过来，问问自己，脑子里，留下的最深印象是什么？

"这最深的印象啊，就是文本的个性。抓住了文本的个性，也就抓住了这一课的魂。"支老师语重心长地对我说。

从几位先生的教诲中，我渐渐明白，与其"磨你千遍不厌倦"，不如"让自己成为一本教科书"。用心栽培自己，提升语文综合素养，才是一个教师最好的"磨砺"啊！

此后，我遇见了更多的名师、明师，每一位，都告诉我阅读的重要性。我渐渐地明白，教师所能教给孩子的，常常就是自己。文本细读功夫，常常不是单独靠公开课练出来的，而是靠大量的书籍涵养出来的。备课的时候，要去发现"这一个"文本独一无二的地方。

我上《穷人》，发现了"睡觉还早"的写作张力；

我上《金钱的魔力》，发现了漫画式夸张的言语风格；

我上《祖父的园子》，发现了两段环境描写字数差异中的奥秘；

……

正像意大利作家卡尔维诺说的，"经典，就是读了多遍，仍然像读第一遍一样"。每一个经典文本，都值得被重新发现。这种发现，不是靠一遍一遍盲目的所谓打磨，而要靠一双慧眼。

慧眼从何而来？从大量阅读中来。

把太多时间花在打磨一节精品课上，失去的，不仅仅是读书的时间，常常，湮没了自己的教学个性。刚入职的教师，多花时间磨自己的课；走向成熟的老师，要多花时间磨自己这个人。

我常常在想，磨三四十遍的所谓精品课，对一线课堂，究竟有多少指导意义？有这等闲工夫，不如老老实实啃十几本专业书！

5

无论家常课，还是公开课，我倡导在真实的教学过程中，不断打磨、不断完善、不断超越。

2012 年前后，我上过多次《一个印象深刻的人》习作赏评课。

习作赏评课，是无法试教的。我会根据不同班级孩子的作文，整体诊断，赏析亮点，发现问题，进行针对性训练。

这节课，无论自己班，还是其他地方，都上得很有意思。每次，我都会记录课堂的亮点和不足，下一次再上，做出相应调整。总体来说，这节课一次比一次有意思。

2012 年，在重庆举行的"千课万人"教学观摩会上，我遇到一个极有表演天赋的学生，课上，师生关系融洽，氛围活跃，非常好玩。有人形容，整节课就像小品。

又一次完成了高峰体验！我直觉，这节课，已无法超越。为了表达敬畏之情，我决定，就此"封课"——不是封所有的作文课，而是，这节课，不再上。

印度诗人泰戈尔说："不是锤的打击，是水的载歌载舞，使鹅卵石臻于完美。"我想，教师日常生活中的水流花开，才能推动自己的永续成长。

我常常在不同时期进行一个人静悄悄的"同课异构"，《金钱的魔力》《穷人》《詹天佑》等课，都有两三个截然不同的版本。

每每上出截然不同的课，便觉新生一般，欣喜异常。

6

近年来，我越来越觉得打磨一节又一节孤零零的课，价值有限。于是，有意识地开发系列课。美其名曰，做课程。

其实，哪是什么课程，只不过让这些课有更多的兄弟姐妹。如此，而已。

我先后开发了"微电影写作课系列""电影遇见书系列""小说教学系列""整本书教学系列"。每一个系列，都有7~8节课，它们，成为我公开课当中的"谱系"。

我越来越强烈地意识到，公开课，要尽量源于常态课，而且，要努力打通公开课与常态课的边界。

我也越来越厌恶把每一句教案背得滚瓜烂熟，越来越反感把每一个细节都预设得精致无比。厌到极点，心生抵触，于是，干脆开启了"裸课"模式。

如何上"裸课"，是下一篇《我的裸课史》的任务。就此，打住。

我的裸课史

关于"裸课",我已经写了好几篇文章,网络上、杂志上,都发过,且引起了不大不小的争议。

激烈反对者,往往断章取义,没有看到我最重要的一句话"职初教师、年轻教师,要老老实实磨课;走向成熟的教师,要减少重复磨课,甚至不磨课"。

断章取义也好,歪曲事实也好,我不想无谓地争辩。有争议,至少说明引起了大家的思考,这是好事。

当年,我关于《猴王出世》的文章,不也引发了大家对略读课文的深度关注与研究吗?

很多人,是在争议中不断进步的。

1

其实,我最先在公开课上展示"裸课"(未经试教的公开课),是2005年10月。算来,已是14年前的往事了。

《詹天佑》一课,在网络上饱受争议(褒少贬多),一度让我错以为自己身处舆论旋涡——实际上,哪是什么旋涡?!被人关注并引发讨论,是一件多么幸福的事。今天,基本上不太会有一拨人再对一节具体的课,深入持久地讨论了。

从"教育在线"到"人教论坛",不少人参与对《詹天佑》的讨论。

"人教论坛"网友"贝壳的泪"更是连续发了三四篇相关的文章。大家的"炮轰"，也让我对《詹天佑》一课，有了更多的思考。2005年，恰逢京张铁路肇建100周年，首都各界举行了系列庆祝活动，在这一历史背景下，我对《詹天佑》一课做了截然不同的重构。

我以评选"感动中国世纪人物"为依托，让学生到字里行间寻找詹天佑让人感动的事件和细节，通过《詹天佑》电影的插入，在詹天佑铜像前写颁奖词的方式，让学生动情地阅读、表达。

此课，与特级教师吉春亚同课异构，在北京翠微小学展示，受到特级教师张光璎先生的肯定与鼓励，也得到与会教师的喜爱。

这节课，我是未经试教的。那会儿，五、六年级学生学农去了，我根本没办法试教。其实，这一课，已思考了近半年，在心里，已反复试教多遍了。用"成竹在胸"来形容，恐怕不为过。

课的成功演绎，就水到渠成了。

2

不过，这节课，还不是我真正意义上"裸课"模式的开启。

此后，我还是在上课前精心打磨了不少课。《我盼春天的荠菜》《和时间赛跑》等，都试了两三遍。

真正意义上自觉主动"裸课"的，应该是《穷人》一课。

2012年11月，"千课万人"，我执教两课时的《穷人》。

选这一课来上，说实话，是需要勇气的。勇气，源于对这个经典文本的发现：我发现了"睡觉还早"的叙事张力，发现了死去的西蒙惨死的重要细节，我发现了小说教学的重要密码。

2012年，恰逢莫言获得诺贝尔文学奖。于是，课前谈话，从聊莫言与张艺谋的联系，过渡到雨果与托尔斯泰，无痕开启。

自以为，课设计得颇为开放、大气。第一课时，探究"穷人之穷"，第二课时，思考"穷人不穷"。因问题思维含量足，探究空间大，孩子们在课堂上，充分发挥了学习主人的作用，课呈现了"疏可走马"与"密不透风"高度统一的特质。

此课，获得了周一贯先生与曹文轩教授的高度评价。

此课，也在我的"裸课史"上，占有重要的地位。它更坚定了我"将裸课进行到底"的信念。

3

印象最深的一次"裸课"，大概是2014年前后，我上的《微电影 VS 微辩论》。

课上，我截取了《更好的世界》中的电影片段——

医生安东，为了劝解自己的儿子与修车工儿子的小矛盾，遭修车工掌掴。后来孩子们找到修车工的工作地点，希望讨回公道，安东不但没有讨回公道，反又一次被扇耳光。安东却对孩子们说，自己赢了，修车工输了。

课堂上，我让学生谈自己的想法：是支持安东的做法说法，还是反对他的做法说法。我原先预设，应该是反对和支持，各占一半。万万没有想到的是，居然所有学生都支持安东的做法——被学校德育驯养的结果——一个个都选择了"君子动口不动手"。

意见一边倒，还怎么辩论啊?! 学生的态度，大大出乎我的意料。

这可怎么办? 这课，辩论是我的预设啊。没有了辩论，这课怎么上?

大脑飞快运转，寻找对策。

停了大概三秒钟，我自我解嘲地说："哈哈，真没想到，居然没有一个人反对安东？再想想，也许你的态度会改变？"

还是无人举手！

"这节课，是要组织辩论的呀，你们这么一边倒，这课怎么上？"我要赖了！

终于！有两三个孩子举手了！

我捞到了救命稻草！于是，把孩子们请了上来。

"你们看，三个人，要面对那么多同学，肯定势单力薄。这样吧，哪些同学愿意加入他们的队伍，让他们更强大？你们也可以找几个老师过来帮忙。否则，力量太悬殊，你们辩不赢的。"

我继续煽风点火。

终于，慢慢地，反方人多起来了，也有一些老师加入反方的队伍中了。

课，就这样起死回生，柳暗花明。

后来，孩子们越辩越精彩，课堂掀起了一个又一个小高潮。

（在长达近十年的裸课史中，大部分课是比较成功的，偶尔，也会有滑铁卢的时候。那，就是我的一部辛酸"败课史"了。）

4

其实，倡导并实践"裸课"主张，绝不是我心血来潮，更不是夺人眼球，而是基于对变态磨课的忧思。

"好看不中用"，长期以来让公开课饱受诟病。公开课执教者，也常常以"公开课是时装表演"为由，自觉或不自觉地，把她打磨得花枝招展，光彩夺目。以至于，公开课与家常课的距离，越来越远。

一线教师常常听课时大呼过瘾，听课结束后，却不知从何学起。

公开课，在艺术化的道路上，越走越远！

也正因看到了公开课的异化，不少老一辈特级教师，在不同场合呼吁公开课的常态化，并身体力行，努力把公开课上成常态课，成为他们返璞归真的行动。

老一辈名师中，倡导边上课边打磨边完善的，也越来越多（恕我不一一举例）。在这样的背景下，作为从骨干教师努力向卓越教师迈进的我，把公开课上得贴近家常，成为自觉追求。

因是第一次亮相，没有试教机会，因此，我会反复钻研文本，反复在脑海中预演教学细节，我会更加重视锤炼自己把握课堂的能力，也会不断深入反思自己的课堂。

说真的，倡导裸课，不是不磨课，而是把功夫下在日常的细水长流——所谓"功夫在课外"：对教材系统梳理，对学生深入研究，对课堂精准把握，对学科深刻理解。

把每一节家常课当公开课认真上，把每一节公开课当家常课从容上。慢慢地，公开课，就贴近了常态。

其实，无论家常课还是公开课，都是我们生命中具有"此在"意义的独一无二的课，都是我们真实的生命叙事。每一课，都不可苟且，不容苟且。

一生都在备一节课，一生都在上一节课。这节课，叫生命。

5

其实，裸课对教师的挑战与考验，是全方位的。它考验教师的设计能力、预测能力、应对能力，也考验教师对学情的把控能力和自我反思能力。

每一次裸课，对我来说，都是一次全新的冒险。略略忐忑，更多兴奋地走进课堂，面对着一群陌生的孩子和一群挑剔的听课老师，大幕拉开，真"戏"开场。

遇到预设与学情对路，师生很快融为一体，课也往往渐入佳境。一课终了，畅快淋漓的高峰体验，常常会让我好几天激动不已。这种高峰体验，犹如钢琴演奏家忘记曲谱后的即兴创作，亦如雕塑家全情投入时的物我两忘。这种体验，大概可称之为"醉课"——醉在课中，回味无穷。

遇到教学预设与学情稍有出入，或学生久久无法进入常态，我也往往会捏一把汗。这时，我还得假装声色不动，暗中调整教学节奏，使出浑身解数，努力激发学生。慢慢地，发现问题所在，终于激活一潭死水，孩子们慢慢被点燃。一种"点石成金"的成就感，油然而生。此时，上课也便成为莫名的享受。

倘若教学预设与学情相差太远，使尽各种招数，也回天乏力。眼看着时间一分一秒溜走，课堂却死一般沉寂，最终波澜不惊，乏善可陈。每每此刻，我会有深深的挫败感和沮丧感。

不过，挫败和沮丧所持续的时间，往往很短。来不及难过，便开始反思。"这节课，为什么上砸？"往往成为脑子里挥之不去的疑云。一旦症结找到，便会豁然开朗，云开雾散。

也许，你会问，既然裸课会上砸，为什么不多试几次，把更成熟的课拿出来？

我深知，多试几次，的确会大幅度减少上砸的机会。但，反复打磨的课，一定是离家常课越来越远的。我的初衷，就是以家常课的心态来上公开课。成功了，给一线教师以信心——原来，不试教，也可以上得这么好；失败了——相当于在此地立一个牌：此路不通，请往他途。"此路不通"，不也是有价值的经验？

想到此处，便会释然。

6

裸课的感觉，酸甜苦辣，百般滋味，回味无穷。

我的说课史

经常有年轻教师向我要说课稿。我告诉他们，我说过不少课，但从来没有正儿八经写过说课稿。我的回答，常常让他们失望。当然，没有说课稿，并不表示，我没有说课经验。说课的经验，我还是有一些的。今天，连同我的说课史，一并写出来。

1

真记不得第一次说是什么时候了。

记忆中，正儿八经地说课，是在 1999 年。

那年，我参评浙江省教坛新秀。评比在台州市实验小学举行，我抽到的是《敲开世界冠军的大门》一课。底下坐着三四位评委，只记得临海的特级王金兰老师，其余的，忘了。

省秀评比淘汰率不高，我压力不大，只简单列了个提纲，照着提纲，比较顺溜地说了下来。

后来，我如愿评上了省教坛新秀；后来，王金兰老师不经意间和其他人说起，她说当时给我的说课，打了满分。

有些吃惊，有些激动。

再后来，大概 2001 年前后，我参评台州市名师。形式，还是说课。评比很隆重，教育局局长担任首席评委。

真的回忆不起我说了什么课。只记得有一点点紧张，发挥还是稳健的。最后，顺利通过。

最好玩的，是 2002 年评小中高。

我这个马大哈，到了现场才知道，教材是要自己带的。于是，委托同事，问临海同学，要来一套浙教版教材。依然忘记抽到哪一课，半小时，简单准备一下。后来，也通过了。评委李老师告诉我，也是满分通过。

我的说课史，看似很简单，很顺利。其实，不然。

冰冻三尺，非一日之寒。看似轻轻松松的背后，必然有些不轻松，在支撑、铺垫着。如果非要说是什么，我只能说，是对语文的热爱和长期对课的琢磨，让我得以屡次轻松过关。

2

后来，我成了教研员，常常听一些老师说课，也辅导一些年轻教师说课。

说课中存在的问题，太多太多。总体来说，可以分为两类：一类，是仪容仪态的问题；一类，是说课质量问题。仪容仪态的不得体，主要表现在三方面：

1. 仪容不得体

有一回说课，一个 90 后老师，穿着满是破洞的牛仔裤；还有一回，一位女老师，穿条三色花裙子，还配着长裤，整个人，五六种颜色，整一个孔雀开屏。照理说，这是一个开放的年代，穿什么，是每个人的自由。但，我们的职业决定了，要穿得像个老师，尤其是还没入职或应聘，咱们得顾及大部分人的审美标准。太另类，只能自己倒霉。工作没找到，谈啥任性?!

此外，浓妆艳抹，首饰满身，指甲猩红，都是不太合适的。

2. 体态不得体

新手教师最大的问题，是眼睛不看评委，埋头读说课稿，且语句之间没有停顿，像竹筒倒豆子；其次是声音过轻或者朗读腔太重，不像说，而像读。这是大忌。说课说课，顾名思义，得说出来。一旦你说了，就有可能感染到别人。你的眼神，始终和稿子在对话，这也是不自信的表现。因此，说课的时候，要适当停一停，偶尔看看评委。眼神交流，是非常重要的。

3. 礼仪不得体

进门不问好，出门不道谢，黑板也不擦，从来不露牙。这些都不对。进门的时候，尽量微笑，问声评委老师辛苦了；出门的时候，侧身、倒退，悄悄出去；自己的板书，自己要擦掉，不给下一个选手添麻烦，这都是基本常识。

再来说说课的质量问题。主要表现在：

1. 板块太多，面面俱到

说教材、说目标、说重点难点、说教法、说学法、说板书。每点都说了，但平均使用力量，每个点都蜻蜓点水，隔靴搔痒，没有说透，不过瘾。这样的说课，貌似很全面，实则很平庸。

2. 四平八稳，了无新意

表面听听，很全面；仔细听听，很老套。环节全在，亮点全无。说了，等于白说。

3. 常识错误，硬伤明显

音念错，字写错，课型没把准，或者主要环节丢了，有的甚至连教学目标都没有。最忌讳，出现重大硬伤，把"张思德"读成"张里德"，"扁鹊"的"扁"字，底下竟然多写了一横。这些，都是极其低级的错误。一个严重错误，立马掉三档。

3

那么，说课有无基本流程和注意事项？有的。一般来说，说课，这四个基本板块是必不可少的：教材解读——教学目标——教学程序与方法——设计理念与教学特色（最后一个板块看时间定，没时间，就不讲）。如果要求十分钟把课说完，大致板块和时间分配及说课要领如下：

（一）教材教学解读（2.5分钟）

这一环节，要说清楚以下要点：

1. 这篇课文是什么版本第几册第几单元的第几篇课文（是精读还是略读），这样说，容易把年段目标定位准确；

2. 这篇文章的主要内容、行文线索或者结构以及文本的主要价值取向等；

3. 这篇文章的体裁（诗歌、散文、神话、寓言、小说……）、文章写法上或者语言表达（修辞）上，有什么特别的地方——这里，可以适当展开，阐述的时候，要有自己对文本的细读和独到的发现，切不可照搬教参，人云亦云。这部分，最能见出功力，切不可敷衍。

4. 特别要注意的是，统编教材非常注重语文要素的落实。因此，在说课的时候，要特别关注本单元语文要素，以及本课是如何落实语文要素的。这一点，切记。

（二）教学目标与重难点（1.5分钟）

制定教学目标，不要空穴来风，而要有根有据。根据对教材的理解、课后习题、学习起点和年段特征、2011年最新修订课程标准精神等，制定合宜的目标。

目标制定要包含三个维度，但不要死板地直接以三个维度标题呈现出现。

一般目标表述，要站在学生学习行为的发生、学习状态、行为结果的角度描述进行。目标要有可检测性。不要站在教师的角度设定目标。比如：指导学生……带领学生……这些都是不确切的。教学目标的主语，应该是学生。

一般来说，目标的设定，大致可以从这三方面入手：1.（指向于基础知识）认识（会读、会写）多少个生字，在语言环境中理解并运用某某等几个词语的意思。2.（指向于语文能力）有感情地朗读课文（复述、背诵、归纳主要内容等），理解课后含义深刻的句子等。3.（指向于情感态度价值观）初步领略、懂得、感知、感受、了解……重点：学习课文第几段，理解"……"问题等；难点：可以从时代背景、含义深刻的句子、难以理解的地方风俗、古汉语或者古代白话文中难以理解的词语以及需要重点训练且学生比较难掌握的技能等几个维度去归纳。

（三）教学程序和教法学法（5分钟）

精读，分两课时；若是略读，一课时。这个环节，其实要说清的关键问题有两个：一是准备带着学生怎么学课文；二是说清为什么要这么学。说课，是和评委对话，而不是和学生对话。这个，很要紧。因此，说课的语气，是面对成人说话的口吻，千万不要儿童化。说课，不是模拟上课。太儿童化，评委受不了。

一般的教学板块，大致有以下几个：

第一板块：创设情境，揭示课题

谈话导入、激趣导入、看图导入、猜谜导入、直接导入均可。要简洁明快，切忌绕了半天还没有进入文本。这个板块，不是说课重点，不要花太多时间。几句话带过，即可。

第二板块：初读课文，整体感知

1. 读课文后，可以让学生谈谈初步感受。大部分老师，在初读课文之后，马上进入生字词语学习。其实，这是不合适的。一般来说，初读之后，要安排一个整体感知的交流。

——如果是散文，可以让学生说一说：这篇课文所描述的哪些场景，给你留下了深刻的印象？——如果是写人的文章，可以问：课文主要写谁？写了一件或几件什么事？——如果是写景的课文，可以问，作者向我们介绍了哪些景点？——如果是小说，则可以问问小说中有哪几个主人公，他们之间是怎样联系在一起的。——如果情感强烈的课文，可以让学生谈谈初读后自己的心情。总之，文本整体感知，要因文而异，凸显文体特征。

2. 如果是精读课文，学习字词是绕不开的。经常看到不少老师，在揭示课题后，没有对文本进行整体感知，就直接出现满屏的字词。这是大忌。字词可以分类处理。按照内容分类、按照读音分类、按照字的结构分类，还可以按照课文顺序依次出现。也可以大集中，小分散；一部分字词，可以在语言环境中结合理解，若是低段，可以适当选几个最难写的生字书写。书写的指导，要到位。切忌把太多时间花在分析字形上，而是通过书写、反馈，切实指导。

3. 中高段的课文，还可以让学生用上本课新学词语，说说课文主要内容。

第三板块：细读文本，深入对话

这部分是重点，要展开。可以分几步来说，也可以按段落教学来说。要说清楚，你要带着学生做什么？通过什么手段来达成上述任务？还要说一说，为什么要这样做这个环节，要说出亮点和出彩点。整个说课是否吸引人，这个环节是关键，切不可等闲视之。水平，常常在这个环节体现出来的。此环节，当于"猪肚"部分。在说这个板块的时候，要有"主问题意识"，亦即设计一些开放性比较大的问题，引导学生细读文本，探究学习，切不可小问题一大堆。这里，请允许我插入《穷人》一文的两个问题，借以说明主问题设计的重要性。

第一课时大问题：穷人真穷

师：读完了整篇小说，字里行间找不到一个"穷"字，这些穷人真的很穷吗？（生点头）那你是从什么地方读到的？请大家细读课文，从字里行间去捕捉"穷人"的"穷"。认真地想一想，哪些地方写出了穷人的"穷"的？

第二课时大问题：穷人不穷

师：这些穷人，身上不只有穷，他们还拥有（   ）？（这个问题，旨在让学生在回读文本中，发现穷人身上高贵的东西。）

第四板块：回归整体，拓展练习

这里一般是对文本的整体认识，设计一些综合性实践性的题目，供学生做。如果允许带 A3 纸，可以带到现场，用记号笔，在 A3 纸上，将相关的练笔题或板书写出来。

上述讲的是一般课文教学的流程，但千万不能模式化。在说课的过程中，尤其要关注，不同的文体，有不同的教法。如果是哲理性文本，或者理解起来有一定难度的文本，整个教学框架，则采用"质疑——答疑"的模式展开。

（四）设计理念和教学特色（1分钟）

这个板块，可视时间而定。时间不允许，不说；若有时间，适当展开。说教学理念或特色，可以围绕着最近一段时间教学杂志上经常谈及的核心词汇或者结合你自己最得心应手的某项研究。比如：1. 语言文字的积累与运用（事先写好 300 字左右的理性思考的文字，熟记，备用，下同）；2. 以学定教的原则；3. 文体教学意识；4. 加强语言实践。谈理念不要面面俱到，可围绕其中的一两点，适当展开。

以上所谈的，是说课的基本范式，教师可以根据不同的文体、不同场合、不同研究主题，有所变化。否则，就"套路太深"。比如，主题是

"小学语文教学如何以学定教"。在说课的时候，我们就可以围绕"文本可以带给学生什么""学生需要学习什么""怎么帮助学生学习"这三个维度展开，一定会给人留下深刻的印象。再一个，说课要与时俱进。比如，你可以把自己的说课流程，用思维导图呈现在一张白纸上，既简约，又时尚。比如，你对群文阅读有研究，选学课文，或者课外的文本，你可以用群文阅读的模式来处理。再比如，统编教材开始关注到阅读策略，如果你在说课的过程中有机渗透阅读策略的教学，则会令人印象深刻。当然，前提是，你要真懂，否则，画虎不成反类犬，东施效颦，贻笑大方。

我的评课史

评课，就是评自己。这话，我信。

同一节课，在不同评课者面前，会成为截然不同的课。特级名师刚上完课，崇拜者眼里，"此课只应天上有，人间哪得几回闻"；不喜欢者眼里，"此君上课太糟糕，此生不再听他课"。这不是危言耸听，而是活生生的事实。恕不举例。

老师还是那个老师，课还是那节课，观感却如此不同！这究竟是为什么？

观者不同也！观者是什么，课便是什么。

1

第一次大庭广众面前评课，是在 29 年前。

1990 年 10 月，温岭县（那时还未撤县设市）教研室在松门区淋川镇中心小学举行教研活动。彼时，邓小平同志说，改革开放以来教育最大的问题，是对学生的思想教育。于是，各科的教研活动，都加强德育。"文道结合，向道倾斜"成为那个时代的教研主题。

按照县教研活动的惯例，各乡镇教导主任必须要在会议中做主题发言——亦即评课。彼时，我教龄刚满一年，其实啥都不懂。可，谁让咱是教导主任？——海岛缺人，没有人愿意当教导主任，于是，校长就让我担任了教导主任。

既然是惯例，不能破。要在大庭广众面前发言，不能丢脸。于是，教研会前两三个星期，我便开始着手准备评课。我找来跟这个主题相关的系列文章，一篇篇阅读，一段段摘抄，相关文字整整抄了一本备课本，积累了很多案例和策略。在此基础上，试着搭建评课框架——课还没听到，洋洋洒洒3000多字的评课框架，搭好了。万事俱备，只欠东风——只待课堂细节来填充。

10月中旬，教研会如期而至。我带着精心准备好的评课稿，来到了淅川镇中心小学。

那次教研会，有两位老师上课，一位是岳妙娥老师，还有一位谁，忘了。岳老师上的是《金色的鱼钩》。岳老师教学很有激情，上到动情处，几处范读，声情并茂，感动全场。其中关于鱼钩上"闪烁着金色的光芒"含义深刻的句子，重锤敲打，颇为精彩。

课上得挺成功。

我记听课笔记，挺讨巧，直接把教学环节记录在几张小纸条上。我把小纸条粘贴在事先写好的评课稿里。一篇完整的评课稿，就这样诞生了。

轮到评课环节。大区某位教导主任发言之后，我勇敢地举起了手。我不敢第一个站上台。我不知道水有多深。发现某位大区教导主任所谈的，好像还不如我理解深刻。于是，我鼓起勇气，站了出来。

底下坐着三四百人，第一次在这么多人面前评课，确实有点紧张。我带着评课稿，瞄了几眼，便开始发表我的观点。

观点滚瓜烂熟，我几乎是脱稿在发表自己的见解。坐在我不远处的教研员和进修学校的老师，不住地点头。他们的称许，让我更加自信。就这样，我越讲越自信，最后，干脆丢开评课稿。一、二、三……1、2、3……地讲开了。

我谈了岳老师这节课的三个优点，提出了关于这节课我不成熟的两点想法。

评课完毕，会场响起掌声。

事后，教研员告诉我，这次评课，我的发言，他特别认同；进修学校季俊老师主动找到我，并表示一定要来听我的课。

也正是因为这次评课，我获得了第一次在全县教师面前上课的机会。

一次特别充分的准备，给了我意想不到的专业自信和难得的发展机遇！

如果没有这样特别充分的准备，也许，就没有此后的自己。

记不得谁说过这样的话：愚者丧失机会，庸者等待机会，强者把握机会，智者创造机会。

我虽非智者，但我创造并把握住了机会。我庆幸。

2

第一次书面评课，更是让我喜出望外。

1992 年，温岭教育局和教育工会联合组织大型比赛"三学三比"。

"比业务"可是真刀真枪！

所有 35 岁以内的教师，都要参加比赛。第一项比赛，就是评课。

所有参赛者，共同观一节现场课，课后两小时用文字来评这节课。

一星期后，结果出来了，我得了第一名！

喜出望外！

惊喜的背后，是 200% 的努力。我整整花了一个月时间，收集了大量评课资料，把某几位名家的课当作例子，试着评课，评完后，再与相关评课作对比，寻找自己的不足。

就这样，我这个教龄不满 3 年的新教师，在评委的盲评中，脱颖而出，喜获第一！

所谓惊喜，其实是努力到无能为力之后的水到渠成。

3

我当教研员那阵子，听了不少课，听课之后，也会评课。

我评课，都会先研究教材。自己对教材不熟悉，你评啥课？！这是评课的底线！

可惜，现在，坚守这样的底线的人，不多了。

评课，当然要做听课记录。我做听课记录，比较简单。大致几个板块，每个板块用了多少时间。接下来，就重点记录教师在课堂上，是怎么和学生对话的。一个教师的对话风格，体现了他所有的教学智慧。对话风格，就是课堂风格。

我习惯于边听，边在边上写几个关键词。听完，对这节课的总体印象，也便出来了。一二三，几句话。同时，会在后面简单写个思路，假如我来上这节课，我可能会有哪些改进或者截然不同的上法。这一切，都直接做进PPT！因此，听课结束，我的评课PPT就同步出来了！

"发现亮点——提出建议——大胆重构"，这是我评课的基本思路。这样的评课，往往让听课老师甚为过瘾。

评头品足易，下水游泳难！我以为，教研员评课，既要有对这节课的深入解读，更要有重构此课的勇气。

否则，就会沦为纸上谈兵。

当然，谈完自己的想法，我一般会请上课者或者听课老师也来聊聊。有时候，公开聊；有时候，私下聊。

智慧，常常是聊出来的。

4

三十年来，我自己的课也常常被人评。我遇到过一些高人，他们的评课，常常拨云见日，令我豁然开朗。

这样的点拨，往往是对话式，而不是居高临下的。

说实话，我最反感的就是"专家式"的评课。自己对某个领域研究不多，或者根本没有研究，仅仅凭着听课印象，根本没有读懂一节课，就对这节课进行一二三四头头是道的评论。

这类浮游无据的评课，往往跟着感觉走。感觉好，就是好；感觉不好，就是不好。评课标准是什么？是专家自己心中的好课观！

这是极其危险的一件事。专家的好课观，会不会出问题？如果会，那么，以有问题的好课观来观课，是否会跟着出大问题！

而专家自己却浑然不知！

因此，我从来都倡导，把评课改为"聊课"。上课者、听课者甚至被上课者（学生），围绕着一些核心的话题，聊聊这节课，哪些地方，比较好地完成了教学目标；哪些地方，可能没能很好地完成目标；哪些地方，是这节课值得肯定的；哪些地方，是值得深入探讨的。

大家坐在一起，就像聊天一样，这样的聊，才是平等的、民主的。否则，任何评课，都是话语霸权。

成都的陈大伟教授，一直在倡导并实践的"观课议课"，不失为一种比较好的评课方式；福建特级教师林莘的学习共同体的观课议课，也是一种非常有价值的尝试。

我曾目睹林莘老师团队观课的具体流程。几个老师，深入到孩子们中间，定点跟踪观察孩子们在课堂上的学习行为。用数据统计+学习状况描述的方式，观测学生的学习。

这样的评课，有数据、有事实，且把观课的重点，转移到了学生的学，而不是教师的教。

这是极其重大的变化！可惜理解其价值的人，还不多。

5

这样的观课，用一句话概括："用我的智慧发现你的智慧，用你的智慧启迪我们的智慧。"

前半句，核心词语是"发现"。怎么发现？用评课者的智慧，发现上课者的智慧。从这个意义上说，评课，就是评自己。如果评课人缺乏眼光与智慧，是断然发现不了上课人的"智慧"的。这就是为什么面对同一节课，高水平的人，能说出让人豁然开朗的见解；低水平的人，只能从教态、肢体语言等方面不着边际不痛不痒地说一通。

其实，评课还有一层价值——评课者向上课者学习：评课人通过听课，从上课教师那里获得启迪，增长智慧，进而与大家共享智慧——这就是"以你的智慧启迪我们的智慧"。

这一点，常常被大部分评课者所忽略。评课者，常常以为自己比上课者高明（其实，我当教研员的时候，也有这样的偏见），不愿承认自己也能从上课者身上学到很多东西。

日本教育家佐藤学，据说听了上万节课。但他评课不会轻易说某某老师哪一点不好。他尽可能多地发现教师的闪光点。他的理念是，教育研究者，不要以挑剔的目光来审视课堂——因为没有一节课是完美的，而要学会欣赏，要从每个教师身上学习一个金点子，多与教师对话，从对话中学习智慧。这样，听一万节课，就能学到一万个金点子。研究者再把这些金点子总结出来，久之，则可成洋洋大观也。

"劳谦虚己，则附之者众；骄慢倨傲，则去之者多"（东晋道教学者葛洪语）。佐藤学教授的评课观，就是典型的"用我的智慧发现你的智慧，用你的智慧启迪我们的智慧"。这就是智慧的互生与共享。

在这个众声喧哗的年代，没有哪个专家敢说自己在每个领域都是权威，总有一个领域，是陌生的。如果评课人，能以"对话者"而不是"审判者"的姿态出现，那么，便会心平气和地与执教者展开讨论，而不是居高临下地评判。

我想，只有把评课话语权从评课者独享，变为评课者与上课者共享，才能出现真正的智慧碰撞。否则，评课，就可能沦为"权力者游戏"。

以"学习共同体"而不是"裁判员"的姿态出现，才是评课者应有的姿态。通过与执教者的对话，还原磨课过程，还原探索历程；通过深入讨论，试着重构课堂，与一线教师一起寻找更好的教学方案。这样的评课，从批判，走向了建设。

这是最受欢迎的评课方式。而"独语式"的评课，可能会让磨课与思考过程折叠和遮蔽。听课教师，只看到这一节课最终的呈现，而看不见课堂背后的理念与课的生成过程。

评课者和上课者，要成为平等的对话者。评课人，当以主持人兼观课议课者的双重身份出现。

通过提问，引导上课老师还原试教过程、思考与生成过程；通过追问，引发对课的教学理念与策略的深度思考；通过设问，重构这节课，发现更为优化的可能性方案。

这样，"评课"就走向了"聊课"或"议课"。因为是"聊"或"议"，聊天的人，是彼此平等的，大家心平气和地就课进行敞开的对话。这样宽松和谐的对话，才有可能擦出火花，让思考走向深入。

评课，呼唤从"一言堂"，走向"群言堂"。

我的辩课史

1

我的辩课史，绕不开《詹天佑》。2004 年 4 月，我在浙江"西湖之春"上了一节《詹天佑》。课毕，根据回忆，整理了课堂实录，发于"教育在线论坛"。不料，一场几乎一边倒的批评，让我一度"声名狼藉"。"教育在线"网友"吐""狂吐"等词语，让当时的我心惊肉跳。曾经自信的我，在"批判"狂潮中，开始怀疑自己。第一次有人公开黑我，无异于当众被扇耳刮子。于是，我在"教育在线论坛""人教论坛"发起帖子，为自己辩护。没想到，这样的辩护，竟"越描越黑"。更猛烈的一波炮火，席卷而来。一度，我觉得自己"千夫所指"，颜面丢尽。后来，朋友朱煜的一番话，让我释然。大意是，网上有人关注有人讨论，这是好事，并非什么"声名狼藉"。再后来，"人教论坛"网友"贝壳的泪"，认真地研读了窦桂梅、薛瑞萍等人的《詹天佑》，以《只抽三四鞭》为题，对我的课做了比较中肯的述评与建议。2005 年 10 月，第二版《詹天佑》，在吸纳网友建议的基础上，全新出炉！

2

第二版《詹天佑》，首次亮相于北京翠微小学。我与特级教师吉春亚老师同课异构。许是初生牛犊，面对特级教师，我毫不怯场。裸课版（因学生学农，无法试教），在著名特级教师张光璎先生和500多位老师面前亮相。课，上得很顺利。张光璎先生激动地握着我的手说："祖庆，我没有看错你！"同年11月，"东方北师"培训品牌负责人庞玉和先生邀我再上《詹天佑》。赫赫有名的贾志敏先生，端坐在会场中央。他是本次评课嘉宾。开始，我有些紧张。慢慢地，放松下来。总体来看，课堂效果，和翠微小学的，差不多。我自己挺满意的。互动环节，主持人吴琳（北京市原崇文区教研员）请出贾志敏先生。先生先是比较温和地肯定了我的课。末了，指出我的课"严肃有余，宽松不足"。接下来，就是我与主持人吴琳那场火花四溅的"辩课"。吴琳在台上咄咄逼人，我呢，不卑不亢地强词夺理！请看辩课文字实录——

吴琳：手机尾号是0525的朋友具有代表性，他说："本课的难点是理解人字形铁路，本人认为学生应自己研读理解，张老师没有让学生读就直接演示，这样处理好吗？"

张祖庆：对4、5、6自然段，我根本没有把它当难点处理。为什么呢？我是基于这样的考虑。

第一，《詹天佑》这篇课文，所涉及的年代离学生比较久远，还夹杂着一些比较难懂的铁路建设的专业术语。让今天十一二岁的孩子完全理解那么深奥的文本，有没有这个必要？

第二，让学生自己去读懂，还是借助于课件让他们去弄懂？我想，一堂课时间是有限的，如果把大量的时间花在我认为不必让每一个孩子都弄懂的问题上，那么，对学习，我觉得是一个浪费。我觉得我们要把宝贵的时间花在听说读写上。我一直以为，语文课要上得简约而大气，有时候该舍则舍，有些常识课可以讲清楚的东西，为什么一定要在语文课上解决呢？

此外，我一直追求"密不透风，疏可走马"的语文教学风格。中国山水画讲究"留白"的艺术，颜真卿《祭侄帖》中的"飞白"，音乐的"此时无声胜有声"，都留下了一个个让人遐想的空间，给语文教学一个美丽的遐想空间，这有何不好呢？（掌声）

吴琳：张老师，教材中的难点是对学生来说的，是客观存在的，不是谁"认为不认为"呀！课件是教师做的，不是学生做的，你不可能每篇文章都给学生配个课件给学生演示呀！学生怎么能够自己读得懂一篇文章呢？你可能觉得这里不是难点，但学生读起来，如果不借助你的课件，是会有困难的呀！（掌声）

张祖庆：我觉得在"人字形线路"这一段，学生看课件已经完全弄明白了，就没有必要再深究下去。至于几个工作面的问题，我曾经试过让学生自己去画图，结果很多同学画得乱七八糟，他很难理解。我用课件这么一演示，他弄明白了，如果有机会再去看那些文字，就会清清楚楚、明明白白，而不是雾里看花、水中望月。（笑声）……

从文字中你一定能感受到现场火药味。年轻的我，不知道哪里来的"专业底气"，面对主持人的步步紧逼，丝毫不肯让步。甚至，有些抬杠的味道。说实话，这节课，今天再上，我未必能超越当年。但是，回应主持人的质疑，我一定不会这样棱角分明。

3

此后，我还经历过很多次辩课。2005年12月，"教育在线论坛"，与铁皮鼓就《登山》一课，辩得不亦乐乎。辩什么？全忘了！2010年6月，江阴实验小学，与刘敏威老师同课异构《狼牙山五壮士》，"离经叛道"地采用解构文本的上法。我引入日本鬼子向五壮士脱帽致敬，以及二战期间某次战役中，某位将军带着全体士兵投降的事件，引导学生思考：假如五壮士没有跳崖，成为俘虏，能否称他们为"壮士"？这样"前卫"的教学处理，遭到听课者的质疑，自是情理之中。上海的詹丹教授，对此课做了温和而坚定的批评。尽管，我至今没有完全认同詹丹教授的观点，但教授对文本的解读，对语文的思考，让我深深折服。多年后，读到詹丹教授的《语文教学与文本解读》，引以为同道。

4

此后，我还经历过大大小小的好几次辩课。这些辩课，大部分比较温和，并无真正"辩"的味道。倒是一个偶然的机会，一次没有预设的"辩课"，始料未及地在几千人的大会上，公然上演。2017 年 10 月，我在郑州上《微电影 VS 微影评》，我让学生观摩《月神》，让学生用几句话，写观后感。那天的学生出奇好。课，上出了我预想的效果，甚至比预想还好。评课环节，主持人雪野先生请出江苏中学特级教师徐杰。徐杰老师先是对我的课进行了充分的肯定。末了，他指出，如果这节课的末尾，让学生去续写，也许课会是另一种精彩。我一边听，一边觉得先生没有完全理解我的课，有些为建议而建议的味道。于是，我等徐老师发言完毕，毫不客气（当然，语气是温和的，不像 10 多年前的强词夺理）直面回应先生的质疑。

"首先，对徐杰先生的精彩点评和溢美之词，我表示诚挚的谢意。但是我不同意，而且完全不同意。为什么这样说呢？

"我这节课的目标，不是培养学生想象力，也不是让学生学会描写细节，而是为了让学生初步学会写影评。写微影评，这对儿童来说是有难度的。

"而如果教想象作文和创意作文，我会有一系列的做法。这节课，没有选择聚焦细节，对细节描写进行延伸与拓展，是因为我的教学目标本不在这儿。

"当然，观课的意义在于生成更多更好的可能性，所以我不是说徐杰先生的说法是错误的，站在您的角度，您的建议也是对的。下一次有机会我用您的观点试一试，也许您的设计，比这节课更精彩。在此，向您表示真诚的感谢，谢谢！

　　"老师们，面对不同的声音，可以表示沉默也可以打哈哈，也可以真诚地做自己的回应。我们不能让自己的脑袋成为别人的跑马场。面对任何权威和专家，不要轻易地点头，也不要轻易地摇头，而是想一想他讲的究竟是不是对的，然后再想想我可不可以接受。这是我对徐杰先生评课的一点思考。

　　"教学领域，没有谁是绝对对的，也没有谁是绝对错的，咱们不过是讨论。既然是讨论，是可以出错的。课堂是可以出错的地方，论道也是可以出错的地方。再次感谢徐先生！"

　　也许是我讲得在理，也许是徐杰先生马上要离开会场，先生没有正面回应我。这场没有回应的"辩课"，猝不及防开始，意犹未尽结束。我不知道徐杰先生是怎么想的。但我，不后悔这番"鲁莽"。评课，需要真诚的对话。否则，没有回应，不利于良好批评风气的建设。说实话，这番"辩课"，在我看来，竟有一种扬眉吐气的窃喜。过去，其他的专家对我的课品头评足；今天，我在这么多人面前，对专家的评课进行再评价。骨子里，我还是个莽撞的少年啊！

5

　　一路走来，一串"辩课"，无论是"精彩极了"，还是"糟糕透了"，都在我的职业生涯中，留下深深浅浅的脚印。无论强词夺理，心悦诚服，还是不卑不亢，都已成为过往。人都喜欢听好话。在大庭广众面前接受批评，是需要极大的勇气的。然而，细细想来，正是这一次次触痛我、触动我的批评，才让我静下心来梳理自己的教学。不仅仅如此，辩课，也是对自己教学主张的再确认和再提炼。尽管，教学上的很多观点，历来见仁见智。然，旁观者清，各种不同的声音，会让我反躬自问，进而对自己的教学精益求精。况且，每个人的思维，都有黑洞，辩课，让我们少一些"一条道走到黑"的固执，多一些兼听则明的清醒。一部辩课史，亦是我的成长史。

我的换课史

支玉恒先生，小语界换课高手。

1989 年，支玉恒先生应小语会邀请，赴成都，参加首届中青年教师阅读教学大赛示范献课。先生本准备上精心准备的《草原》一课，得知两位选手也上《草原》，为了不给选手增压，临时换上《第一场雪》。

这《第一场雪》，下得纷纷扬扬，赢得满堂喝彩。

后来，先生先后在义乌、舟山等地，临场换过《创意校服》《夸夸义乌小商品》等课，上得极为成功。

我虽无先生的智慧，但也天生不怕失败，近二十年公开课经历中，也曾数次换课。

1

第一次主动换课，在西安。

大概六年前，我应邀到西安上课。抵达西安 BY 宾馆，已是午夜时分。很困，泡了碗方便面，累得连牙齿都没刷，倒头就睡。

第二天一早，正欲洗刷，发现没有牙膏牙刷。服务员告诉我，得 9 点钟上班。欲哭无泪。

上完厕所，忽然发现，没有卫生纸！

打电话求助主办方，尴尬地化解了尴尬。

拧开龙头，洗手。忽然，恶心——水龙头边上，写着很小的一行字：

厕所用水，请勿食用。天！昨晚冲方便面，我竟……愤怒到极点！

没有洗具，却有悲剧！一股无名怒火，"噌——"地从心底升起。

脑子里，闪过一个念头：我要把这奇遇，当作习作素材，让学生来声讨他们，好好地出这口鸟气！

于是，打开 PPT，只用了二十来分钟，备好课。

课上，我让学生自由选择一种文体：建议书、员工守则、给管理人员（领班）的一封信。事例鲜活，现炒现卖。刷刷刷，篇篇佳作，迅速诞生。

2

这样的换课，属于"有备而来"。虽是临时换课，但亦胸有成竹。

最好玩的，是两次被迫换课。

那年，在昆明上《真人橡皮泥》。学生把我当成一块"橡皮泥"，想怎么"捏"就怎么"捏"。孩子们用尽各种解数捉弄我，让我摆出很多稀奇古怪的造型：歪嘴，单腿，头戴红领巾，手挎一篮子……

开始写作文。我发现很多孩子在座位上翻着什么。走近一看。天！是我不久前发在博客上的实录！

二话不说，立马让他们把实录塞进抽屉，临时换成《创意图书馆》！这节《创意图书馆》，是动态素描，跟今天的主题吻合，且，在其他地方也上过，算轻车熟路。

最惊险的，是那次上《一个小村庄的故事》发生的故事。

为了体现"预习课堂化"的理念，更为了原汁原味地上一节几乎零基础的课，我特意交代主办方，不要告诉对方上什么课。

主办方说，好。

半个月过去，我一如往常，走进课堂。课前谈话，问学生，知道今天上什么内容吗？

不知道。

好，请工作人员把课文纸发给同学们。

半分钟，没有人发课文纸。

怎么回事？主办方告诉我，没有准备。

有无把课文纸印到会务手册里？（若有，可以把听课老师的手册传上，应急。）

没有。

完了，这课怎么上？课件，没有完整的课文内容。否则，可以借助课件上课。

于是，我在优盘里寻找救命稻草。哪壶不开提哪壶，这个优盘刚刚清理过，所有公开课素材，都在其他硬盘里。

没辙了！

忽然，看到优盘里，还有一些绘本PPT。我瞄到了《小猪变形记》。

行！这内容，我熟悉。就用它，给三年级孩子练仿写。于是，快速构思——其实，哪来得及构思啊！

打开PPT，给孩子们讲起故事来。看看图，猜一猜，演一演，仿一仿，写一写。

课，非常好玩。笑声阵阵，高潮迭起。仿佛一节上了多次的课。

上完课，我甚为兴奋。我告诉老师们，这是一节我从未备过，也从未上过的课。

备课，是在上课的过程中完成的。因为对这个绘本烂熟于心；因为，曾经有想过，假如把这绘本搬上讲台，我会怎么演绎——哦，其实，这也许就是潜意识里的备课啊。上课之前，早就备好课了！

3

还有两次，也算是换课。课是同一节课，但教学思路，完全换了。

一节是《神奇飞书》，另一节是《灵犬来茜》。

先说《灵犬来茜》。

这是一节动物小说导读课。上这节课的前提，是班里大部分孩子没有读过此书。我借助第一章内容，让孩子们细读开头，根据暗示性语言，一步一步往下猜。猜完开头，再猜下文，最后猜故事大结局。

这是一节典型的猜测阅读策略训练课。这一切，都建立在孩子没有读过书的前提下。

可是这一次，带班老师，居然不听主办方的特意交代，怕学生学不好，带着全班同学，预先看了同名电影！班里，四分之三学生，把这本书看完了。

开始，我还不知情。可上着上着，觉得不对劲。孩子们对答如流，有几个孩子，把书赫然放在桌前！

一问，得知书读过了。咋办？！

脑子快速运转！

有了！改变教学流程，把原先的问题"接下来，会发生什么？"改为"这部分，哪个地方，你印象最深？哪个地方，你记忆模糊？"

柳暗花明！起死回生！

因为有着鲜活的阅读记忆，孩子们兴奋地聊起来。聊聊情节，看看课件，看看电影。一节全新的课，诞生了。

猜读课，变成了阅读推进课。

最神奇的"换"课，当属《神奇飞书》一课了。

那年，徐州，于永正先生教学艺术研讨会，我上《神奇飞书》。会场很大，一千五百人，座无虚席。屏幕很大，16：9的大屏，甚是气派。

在这样的礼堂里上课，舞台感很强——没办法，公开课就是一种舞台，就是舞台表演——哪怕上得再朴素，也是一种表演。

前半段，课按照设定的教学流程，带着大家走进《神奇飞书》，把握故事情节，理清故事结构。不觉转入第二板块。我让孩子们完整看一遍没有文字的图片，睁大眼睛去发现这本《神奇飞书》究竟神奇在哪里。

播放完视频，突然，台上一片漆黑。断电了！

灯灭了，屏黑了，话筒哑了！台下灯火通明，台上半明半暗。咋办？

等！

于是，让孩子们在位置上，半明半暗里讨论《神奇飞书》的神奇之处。

三分钟过去，电没有抢修好；

五分钟过去，电没有抢修好！

六分钟过去，电还是没有抢修好？！

不能再等了，必须想出对策。

不知哪来的灵感，我让全班同学离开位置，来到舞台前沿半明半暗处，面朝听课老师，席地而坐。

我问大家，你们可以用自己的"洪荒之力"，大声喊话，让听课老师听到你们的声音吗？

全场鸦雀无声。

一个女生站起来。

我连忙跳下舞台。

我把书本卷成"话筒"。我仰望着孩子。我把"话筒"递到孩子嘴边。

孩子对着"话筒"，大声喊了起来。

那一刻，全场静得连呼吸的声音都听得见。孩子的声音，清晰地传到会场的每个角落！

于是，一个接一个孩子，站到了舞台前沿正中，站到了课堂中央。他们，用自己的"洪荒之力"，演绎这节"洪荒之课"。

发言一个比一个精彩，掌声一阵比一阵热烈。站在台下递"话筒"的我，竟兴奋得心儿怦怦直跳！

大约 6 分钟后，台上亮了，屏幕亮了，话筒响了！我示意孩子们站起来，回到座位。

可是，没有一个学生愿意站起来。咋回事？

"老师，这样上课，好玩！"

哈，行啊！继续陪你们玩儿。

于是，我示意工作人员，把台上的桌子撤掉，让孩子们全体向后转，继续席地而坐（我也盘腿席地而坐）。孩子们面朝屏幕，背朝老师们，大家继续发现《神奇飞书》中的精彩。

五分钟后，下课，起立。

全场掌声雷动。

我相信，这一课，一定会深深印在所有听课人的心里，更会深深刻在我和每个孩子的心里。这一切，都是因为我们换了"话筒"、换了坐姿、换了交流方式。

4

从严格意义上来说，无论是公开课还是家常课，是不能轻易换的。随意换课，是对学生和听课者的不尊重。

但，偶尔为之，用即兴演绎的课，传递的是一种理念，一种姿态。

教学，本就是即席创作的艺术。教学的临场状况，永远无法预料。面对突发事件，与其以不变应万变，不如顺势而为，随机应变。

当然，这样的变，是建立在对学情的深刻把握、对课堂的深入洞察、对未知的勇于挑战上。这样的变，表面上看，是一种信手拈来，实际上，需要教学智慧的持续积累和对教学规律的准确把握。多阅读，多思考，多尝试，才能敢于临场换课，并能换出无限精彩。

当然，这样的换课，更需要不怕失败和不求完美的平常心。如果把自己架在神坛上，或者不愿意承担可能的失败，那么，你便永远小心谨慎，不敢越雷池半步。

换课，换的是积淀，换的是智慧，换的，更是勇气。

我的败课史

终于，要面对不堪回首的败课史。我的公开课历程中，不少课，只上一遍，便找到信心，且越上越好；有些，第一次失败，后来慢慢越改越好；也有的课，只上一遍，永远尘封。今天，就让我开启尘封的记忆之门，在曾经的伤口上，撒把盐。

1

记忆中，曾经有两节课，上得惨败。有一节，我甚至都不愿意和任何人提起。它，就是《将相和》。是的，的确是《将相和》。我曾经在四五百人面前，上过一节惨败的《将相和》。十多年前吧——因为不愿想起，所以，真的记不得是哪一年了。只记得是在广东，主办方邀请我上一节阅读课。坐在台下听课的，有四五百位老师，其中一位，是我的好友丁慈矿。

并非没有备课。这篇课文，有很多人上过。大部分人都会抓"和"字，从和好，到不和，再到和好，围绕蔺相如的顾全大局和廉颇的勇于改错的人物形象来教。这篇课文，似乎很难开掘出新意来。

偶然，看到浙江楼翀老师上的《将相和》，抓独特的语言现象来教，上得颇有味道。楼翀老师的思路，启发了我。于是，我决定从言语形式入手，探究人物形象，试图上一节不一样的《将相和》。

简单做了课件，带着初步的思考，走进了课堂。课怎么上的，环节都记不得了。依稀记得，我让孩子们反复读蔺相如和廉颇的对话，从对话的语气和用词中，发现人物的特点。可是，楼䴔老师的教学案例，印象太深了。我想换一个角度切入，却发现怎么切入，都别扭。孩子们，也被我搞得一头雾水。所谓的从言语形式入手，探究人物形象，也成了形同虚设。

整节课，老师在梦游，学生也在梦游。最不可饶恕的是，将"史家之绝唱，无韵之《离骚》"都给讲错了。整节课，莫名其妙。下课了，慈矿一言不发，大家避而不谈。我铁青着脸，像刚被批斗过一样，一声不吭地吃饭。饭毕，慈矿对我说，庆哥，你把鲁迅评述《史记》的话说错了，是"史家之绝唱，无韵之《离骚》"。刷地脸红，尴尬至极。

2

回到家，好几天不开心。这节课，耻辱地徘徊在心头，梦魇一样，挥之不去。后来，认真反省。这一课，之所以败走麦城，关键在于没有找到自己。只是受别人启发，却没有自己独特的发现，且又不愿模仿别人。于是，就在仿与不仿间反复纠结。最后，匆匆上场，手忙脚乱，失败，就在情理之中了。

此后，我一次次告诫自己，走向卓越的教师，上公开课前，一定要有独特的发现，否则，就会活在别人的阴影中。找到自己，上出自己，成为自己，才能演绎让自己满意的课。这，就是这节失败之课，带给我的启迪。

3

另一节印象深刻的失败之课，是在济南上的。2010年，我刚评上特级教师。我应《小学语文教师》编辑部朱文君邀请，执教《狼牙山五壮士》，在江苏江阴，和刘敏威老师同课异构。参与评课的，有上海的詹丹教授。

说实话，那节课，的确上得有些另类。我引入了日本鬼子向五壮士致敬，以及太平洋战争中，近万人被俘虏的史实，让学生解构文本，试图上出一点新意来。

课，引起了比较大的争议。说实话，我并不认为，这节探索之课是失败之课。真正失败的，是我此后上的改进版。因为难上，我特意叮嘱主办方，一定要找原班学生，不要几个班级组合在一起的。学生一旦组合，往往彼此陌生，不愿发言。而且，我让主办方提醒学生，读三四遍课文，先看一遍《狼牙山五壮士》电影。到了现场，一看，不对！只有十来个学生，有些看起来是五六年级，有些，看起来只有二三年级大小。一问，果然是。因承办学校接到上头电话，出于双休日安全考虑，学校不得派学生到现场上课。主办方没辙，只好到临近一个辅导机构，凑了一帮"多国部队"。

问，预习否？答，没，教科书刚发下。完了。怎么办？硬着头皮上呗。上课开始，按照预设，板书之后，配乐范读。按照以往经验，文章读完，学生肯定会被感动的。然而，这一次，学生不但没有感动，反而吃吃地笑。大部分孩子，表情木然。

读完，问：哪个地方深深地震撼着你？没人举手。继续等待。还是没人举手。来来来，大家讨论一下。不知道怎么讨论。于是，我硬逼着他们"讨论"。孩子们表情木然，装模作样地"讨论"了一会儿。谁来说说？还是没人举手。好吧，你们不举手，我就随机指定发言了。话筒递到学生面前，被迫站起来，不得不蹦出一两个词语。空气，像被凝固了。

现场，一片死寂。等。挤牙膏一样，挤出几个词语。环节继续推进。就这样，整节课，没有一个人举手。学生始终表情木然，齐读疙疙瘩瘩。上到最后，连我自己都放弃了。尴尬地说：这个地方，老师本来是要问"最后两个望望"意思有什么不一样？现在，我来当你们吧，我来回答。就这样自言自语，自问自答，自导自演，自我解嘲。尴尬。两节课，80分钟，我只上了 42 分钟。生无可恋的 42 分钟！芒刺在背的 42 分钟！尴尬至极的 42 分钟！上完课，飞一样，逃！好几天闷闷不乐。爱人细心，问我是否出了什么事？我淡淡地说，没，没什么。内心里，却如翻江倒海，始终无法释怀，只好把所有怨气，都出在主办方身上！这节课，像个巨大伤疤，永远刻在我的记忆里。至今回想，阵阵刺痛。

4

后来，我在于永正先生的《教海漫记》里，读到一个鲜活的案例。那年，先生在新疆上课，遇到一班怎么提问都不回答的学生。先生用尽了所有力气，学生就是不举手。最后，先生说，孩子们，接下来，你们跟老师读课文吧。于是，先生带着学生读课文。先生读一句，学生跟一句。先生走进学生中间，边教学生读书，边摸学生的小脑袋。一个一个摸过去。读了两遍，班级里所有孩子的脑袋，都被先生摸过。先生笑着说，这回，我要问一个非常简单的问题，你们呢，只要举手，不用回答。先生问，刚才，谁的小脑瓜被我摸了一下？学生齐刷刷举手。呀！你们都会举手了！恭喜你们！接下来，我要问一个更简单的问题。这回，知道的，可以回答。今天，我们学的课文题目是什么？刷，学生又举手了。先生指名回答，当然答出来了。呀，恭喜你们！不但会举手，还会回答了！慢慢地，孩子们放开胆子；渐渐地，举手的人多起来了。

课堂，柳暗花明。

5

于老师这节课，于我而言，有重大的意义。同样是学生不举手，于老师从学生会的开始，降低学习难度，不断鼓励，让他们享受成功的喜悦。

而我呢？墨守成规，按部就班，不愿变通，结果，把自己和学生都带向了死胡同。

于老师的课，心中有学生，最后学生渐入佳境，课也渐入佳境。

我的课，心中只有自己，把学生弄得不知所措，课亦进入僵局。一切的一切，皆因学生观的不同。于老师心里有学生，因此，他把协助当下这群孩子学习，当作了自己的追求，因此，处处从学情出发，让孩子体验成功；而我，心里只有自己，把展示自己的精彩当作唯一的目标，不愿意改变教学设计，却最终迷失自己。平时口口声声说要"以生为本"，却在最需要"以生为本"的时候，"以师为本"，教学，怎么会不走向失败呢？学生观不同，导致了教学效果不同。

6

读完先生的文章，我久久不能平静。先生这节课，仿佛一束光，刹那照亮我曾经灰暗的心灵。忽然觉得，生命中这节"失败之课"，于我而言，意义重大。曾经的狼狈不堪，在岁月深处，何尝不是一种深刻的自我警示?! 它，在我的公开课征途中，竟具有里程碑的意义。打那以后，我不再把"演绎课堂精彩"当作教学的唯一追求，而是把"协助学生学习"作为头等大事。我深深地知道，无论是家常课，还是公开课，上课的首要目的，绝不是为了展示自己，而是促进学生学习。无论遇到怎样的学生，都是必须直面的真实学情。一个眼里有学生的老师，应该根据学习起点和学习状态，对自己的教学作出相应的调整。哪怕再"糟糕"的学生，作为教师，我们都不应该埋怨他们。学生"糟糕"，正需要教师引领。孩子若是太优秀，需要老师来做啥？

一个优秀的老师，应该懂得适度往后退，把展示的舞台让给学生，让学生真正站立在课堂中央。

教师，要善于做报春使者，"俏也不争春"。教师，善于点燃智慧火把，亮而不灼人。

7

有了这节失败之课垫底，此后，我不再把展示自我当作公开课的目标。渐渐地，所谓幽默的话语，少了；渐渐地，所谓精彩的导语，没了；渐渐地，所谓出彩的环节，砍了。有人说，我的课，越来越安静，越来越朴素。只因，那节失败之课，教给了我很多，很多。失败之课，也是成功之课。

Chapter 2

从新手到卓越的课堂修炼

为什么听了那么多课，依然上不好公开课

1

不少老师特别喜欢听课。只要有公开课，他（她）就四处听。公费、自费，都去。

可是，听了几年课，也许你会发现，教学水平和几年前相比，并没有多少实质性的长进。

于是，陷入苦恼：为什么听了那么多课，依然上不好公开课？

要我说，原因就是——你听了太多的课！

也许你会觉得不可思议。照理说，听了很多课，就如读了很多书一样，视野会打开，思路会开阔，公开课应该越上越好。所谓"观千剑然后识器"！听了上千节名家的课，对什么是好课，应该有自己的独特判断，公开课游刃有余才对！

非也！

公开课，从某种程度上说，和演唱会差别并不大。你观赏过一千场演唱会，会不会提高唱歌水平？答案不言而喻。观赏过千场演唱会，欣赏歌曲的水平，肯定会提高；同理，你听过一千节公开课，你的观课水平，也会提高。但，欣赏水平，不等同于实践水平。正如听过很多名家唱戏，你不一定会唱戏一样。听了很多课，你提升的，基本上是观课水平，而不一定是你的上课水平。

因此，听了上千节课，公开课依然上不好，不足为奇。

其实，最大的问题，恰恰在于你听课节数太多。这不是危言耸听。

听太多的公开课，就好比置身于春晚的舞台，五光十色、琳琅满目，让人眼花缭乱。

听这位老师的，激情！

听那位老师的，浪漫！

再听另一位老师的，诗意！

……

一千个老师有一千种理念，一万个老师有一万种风格。不停地听公开课，就如尽享饕餮大餐，却无暇研究烹饪之道。容不得你细细回味，下一道大餐扑面而来。

所以，听太多的课，反而会阻碍你的专业水平发展。

尤其是进入成熟期或者风格形成期的教师，绝不可乱听课。要寻找和自己的教学气质相契合的课，细细地听，一遍一遍地听，从模仿开始，慢慢走向创造。

这，才是听课之道。听得多，不如听得对；听得对，不如听得专。

2

拿我自己的经历来说吧。

2003 年，我结识了生命中的两个贵人——沈大安和王崧舟先生。我有幸和他们在同一次活动中相遇。上完课，沈大安先生对我的课给予充分肯定与褒奖。崧舟先生，也因在这次活动中对我有了一些了解，后来，他把我和爱人一同引进到他所在的区。

崧舟先生彼时已名满教坛，他也常常推荐我去其他地方上课。2005 年春天，我在崧舟先生的指导下，上了一节《我盼春天的荠菜》，此课出乎意料地成功。无论是课堂现场还是网络评课，颇多点赞之声。我也颇享受这样的赞美。直到有一天，一位外地来学习的老师听了我的课，不经意间说的一句话，震动了我。

她说，祖庆老师，你的课真像崧舟先生！

这句话，瞬间击中了我。齐白石"学我者生，似我者死"的警句，一次次在我脑际回荡。崧舟先生也常常告诫身边的人，一个人，要想走得远，必须寻找适合自己的路。崧舟先生的课堂，因了他独特的个人禀赋与气质，可以把诗意演绎到极致；如果我学他，连成为"崧舟第二"都很难。

我陷入了沉思……

后来，我细细地盘点听过的一些名师。我把目光锁定在了支玉恒、于永正、贾志敏身上。支玉恒老师设计的纵横捭阖，于老师上课的幽默亲和，贾志敏老师上课的严谨扎实，都是我学习的榜样。

我像粉丝追踪偶像一样，锁定这三位名师的课。凡是有他们参与的教学观摩活动，无论公费还是自费，只要财力和脚力足够，我几乎一场不落。

听了课，不过瘾。我又找来这几位名师的教学实录，一遍一遍地阅读，一遍一遍地摘抄。每一节课都抄过至少一遍。有的课，我甚至能一字不漏地背下来。

抄实录，不过瘾。于是找来录像课细细研究。研究实录或录像，我有两个绝招。

一是微格研究。从"导课艺术""问题设计""理答技巧""朗读指导""课堂激励""读写结合""结课艺术"等维度，归类研究，提取策略。

二是还原研究。试着将名师的课堂实录还原成教学设计，再在"教学设计"的边上，写出"设计意图"。就这样，实录——设计——理念，一步一步逼近名师教学设计的内核。现在想来，研究名师实录的过程，实际上相当于练习书法的"读帖"。"读帖"久了，写字就有了心得。教书亦然。

在研究的过程中，我渐渐积累了几百个经典课例或片段。几位名师的课堂艺术，仿佛移植到了我的身上。无论是家常课，还是公开课，我常常能比较好地驾驭。我深知，这主要得益于，我在研究他们的过程中，获得了"缄默的知识"（伽达默尔语）。这种"缄默的知识"，是教学能力和教学智慧很重要的组成部分。

有意识地尝试走与崧舟先生不同的路子，慢慢地，我的教学有了自己的风格，也逐渐获得了同行的认可。和三位素来仰慕的前辈名师一起上课的机会，也逐渐多起来。上课、听课之余，我常常见缝插针地向前辈们讨教。我在前辈们的耳提面命和谆谆教诲中，获益良多。

从兼收并蓄的听课，到锁定目标的专注听课，慢慢地，我找到了自己。

细细想来，我的听课之道，其实和传统的学徒跟师傅学艺差不多，专注于一个或几个师傅，把基础打实了，慢慢地，方可"转益多师"。切不可基础未夯实，就想"博采众长"。

3

当然，听课之道，因人而异。公开课，只是教师专业成长的通道之一。如果你仅仅把听公开课当作艺术享受，就像看春晚，图热闹，过把瘾，那你完全可以这样继续疯狂听课。

我的经验，仅供参考。

公开课教案：从繁复走向简约

1

某日，朋友发我一份教案，说是三天后上公开课，让我看看。我下载附件，打开细读，乖乖，6000多字！没开看，头就晕。大环节里套小环节，小环节里套1、2、3点，老师说的每一句话，学生可能的回答，以及如果这样回答教师怎么评价，写得清清楚楚。读完，我哑然失笑。这哪是教案啊？分明是完整的课堂独幕剧吗！

这位朋友教了15年书。

又想起另一位朋友。

几年前他曾发我一个教学设计，谦虚地说，让我指点一下。我打开认真读起来。教案超长，8000多字，10页。慢慢读，欣赏啊。读着读着，我笑了。请看——

师：呀！你第一遍读课文，就能读得这样字正腔圆，可见平时训练有素。

师：（如果学生读得疙疙瘩瘩，则说），没关系，这只是第一遍读课文，错几个字，也正常的，多练练，一定会读得更好。

类似这样的语句，占去整个教案的五分之二。你一定以为这是某位师范实习生的教案吧？非也，这位朋友，已经教了 20 年书，且在当地颇具知名度，在省级、全国级公开课上，多次展示过自己的风采。

我无语。

2

看到这样的教案，我总是发回对方，和他说，你把教案浓缩在 1500 字以内再发我。对方往往不理解，写详细些，把课堂的每个细节都想到了，课不就更顺了吗？

这话看似对。

但课堂，不是剧场；学生，不是演员。预设得细致一些没错。但学生的回答，岂是老师可以预先写出来的？！你的回应，岂可做到滴水不漏？！

再说，写在教案上的语言，是什么？书面语言！

课堂上呈现的语言，是什么？口头语言！

有时听课，我们常常觉得老师不在上课，而在演戏。这是为什么？原因就在于教师把"书面语言""口语化"，课听起来就别扭了。课堂是师生对话的地方，对话，要自然、真诚。老师将预先写好的书面语背给学生听，对话能真诚、自然吗？只能做作得一塌糊涂！把教案背一遍，教学语言固然优美，环节衔接也貌似行云流水，但，这样的课，老师听着累，学生也往往云里雾里。

于永正、支玉恒、贾志敏、薛法根等老师的课，为什么给人如坐春风的感觉？因为，他们都是用很朴实的口语，和学生交谈，而不是用矫揉造作的书面语给学生朗诵。他们的教案写得具体吗？往往只有简单的几行字。

上个月，我和薛法根老师同台上课，有幸看到他的《匆匆》一课教案。多少字？连同目标，不到 300 字。请看——

《匆匆》教学设计

薛法根

教学目标：

1. 在教师指导下，通过朗读体会文本语言的节律之美；

2. 结合生活体验，解读作者对时间的"匆匆"之感；

3. 模仿文本写话，领会文本对时间匆匆的形象表达。

教学过程：

板块一：重锤敲击叠词的节奏之美

指导学生朗读课文，选取典型的叠词，体会节奏之美。

联系朗读，进一步体会散文诗的语言节律。

板块二：深层追问时间的哲思之美

围绕核心问题思考：作者为何对时间有如此匆匆之感？

点拨：时间一去不复返；八千多日子的空虚无为。

板块三：生活比照语言的形象之美

时间是抽象的，作者是如何把"八千多日子"和"一个日子"写形象的？

通过对文本语言的模仿写话，进一步领会形象化表达的方法。

教案虽然简简单单，但生成极其丰富。这，就是从繁复，走向简约。

3

最近，常有老师问我，张老师，您把教案传给我，学习一下。我说，我没教案。人家不信，以为我藏着掖着。

哈，最近四五年，我的大部分公开课，还真没有教案。没有教案，不表示我没备课。我备在心里，备在PPT上。

为什么不写教案？故意不写！

什么？公开课不写教案？

是的！这几年，我一直这样的。

为什么公开课故意不写教案？

因为我在上课之前，细细地读了文本，心里反反复复地琢磨教案了。这节课大致几个板块，提什么主问题，在心里想好了，课就可以上了。

其实，早些年上公开课，我也写过很详细的教案。但那样的课，上得累。上课时，老想着自己的教案，生怕忘问哪个问题，丢了哪句精彩导语，课堂亦步亦趋，不敢越雷池半步。这样的课，精彩不到哪里去。

慢慢地，我的公开课教案越写越短。近年来，我干脆不写了。

教案由长到短，由短到无，这大概跟练武功是一个理儿，先有招，再无招。

教案由长到短，由短到无，这大概跟山水画中的留白是一个理儿，无即是有。

4

不写教案，备课依然要花大力气。

力气花在哪里？

细读文本，寻找这篇文章和别的文章不同之处；分析学生的学习起点，琢磨学习难点；思考教学目的，想好几个大板块，预设好几个主问题；做好PPT。至于教学语言，课堂随机生成。

这样，你的脑子里，便没有了教案的束缚。

你不用刻意去构思，学生的回答用哪句妙语去评价；

你不用刻意去经营，哪个环节的过渡语该怎么出彩；

你不用刻意去追求，哪个教学节点该博得老师掌声。

把教案写短一点，教师就会更多地关注学生的一颦一笑、举手投足；

把教案写短一点，教师就把更多空间还给学生，课就有更多生成可能；

把教案写短一点，课就自由起来，潇洒起来，灵动起来。

把教案写长了，课就短了；把教案写短了，课就长了。

5

公开课教案，当从繁复走向简约。

入职之初，经验缺乏，宜写详案。要环环紧扣，步步周全，语语推敲，这是入格之必修课。

骨干教师，经验渐丰，风格初现，宜慢慢减少教案的文字总量，倡导板块式备课，多用软设计。

进入卓越教师行列，则应把更多功夫下在课外，"用一生去备课"，力求心中有案，目中有人，手中有法。久之，则可臻于"摘叶飞花""无招胜有招"的境界。

借班上好公开课的七条贴心建议

借班上公开课，对每位老师来说，每次都是挑战。因为学生是"借"的，不像在自己班里上课那样轻车熟路，不可测因素很多。也许一个微不足道的细节，会让原本精彩纷呈的课一败涂地。

总结十几年来上公开课的成败得失，我以为如下七个贴心建议，也许对上公开课不多的年轻老师，有些帮助。

第一条贴心建议：用"原班人马"，不要"杂牌军"。

借班上公开课，学生一定要用原班——最好是全班都参加。万一因场地限制，学校确实无法让全班学生上台，则可以向校方建议，不要光选成绩好的孩子。有些成绩好的孩子，考虑问题深思熟虑，发言往往不容易出彩。建议找一些调皮的孩子，因为调皮的孩子在公开场合喜欢出风头。这些孩子，往往可以成为公开课上的"奇兵"。这样，公开课就容易出彩——当然，出彩，不是公开课的目的，但因为有"观众"，有时候太沉闷，观众坐不住，这是现实，不得不考虑。

有时，学校领导怕一个班级不能出彩，找两个班或者三个班，选一些成绩优秀的孩子，临时组成一个班。这是最要命的。因为，这样特殊的公开课，舞台是陌生的，老师和学生是陌生的，如果同学之间也是陌生的，那就危险了。要知道，人在陌生的环境中，是不太愿意开口的。

所以，借班上公开课，要"原班人马"，千万不要"杂牌军"。

第二条贴心建议：要"亲自对接"，不要"撒手不管"。

如果你有预习任务要提前布置，最好亲自和带班老师对接，把预习要求以书面和口头相结合的方式，诚恳而细致地委托给老师。千万不能交给中间人而"撒手不管"。否则，万一中间人忘了或者执行不到位，是很糟糕的。甚至会出现老师在台上，学生没有拿到课文的情况。如果你的课是要充分预习的，而孩子们连课文都没拿到，那是尤其糟糕的。

还有一点需要强调，千万别让带班老师过度指导。若学生将文本研究得太透了，上课就没劲了。另外，现在网上实录很多，也许孩子们会搜索到同名的课堂实录，因此，课前要提醒老师，不要引导孩子们去关注网上的这些实录。老师不提，学生是不会想到去网上搜索的。否则，孩子们早已知道了其他老师的精彩课堂，你的课也许他们提不起兴致了。

第三条贴心建议：要"未雨绸缪"，不要"理所当然"。

上课如打仗。兵马未动，粮草先行。如果你有课件，一定要在孩子们进教室之前，提前安装。安装好后，拔掉投影连接线（免得提前让教师和孩子们看到），在电脑上运行一遍。不然，你要是"理所当然"地认为课件一定不会出问题，那就错了。很多 PPT 或者视频，版本是不同的。若不演示，关键的视频或者声音无法呈现，不仅尴尬，还会让你手足无措。

第四条贴心建议：要"慢慢预热"，不要"单刀直入"。

有些老师借班上公开课喜欢立即进入正题，这固然是注重效率的好习惯。然而，如果你课前没法和学生接触，两三分钟的预热，就必不可少了。课前预热得好，往往会起到先声夺人的效果。好的课前谈话，总结起来，有这么几个特点：

第一，时间要短。一般控制在 3~5 分钟，否则谈话时间太长，容易导致孩子们兴奋过头或者师生听觉疲劳。

第二，话题要精。大部分老师课前谈话，喜欢在自我介绍之后，让学生自我介绍。而孩子们在没有准备的情况下的自我介绍，容易雷同且不易出彩。往往一开始，就把课堂气氛搞僵了。因此，话题要精心设计，最好和将要上的课，有那么一点沾边。既是课堂预热，又能巧埋伏笔。是谓

"未成曲调先有情"。

第三，气氛要活。课前谈话，最好让孩子们适当地笑一笑。若是低年级，可以让孩子们肢体动起来。笑和动，是放松的最好手段。

第五条贴心建议：要"波澜不惊"，不要"火上浇油"。

公开课有压力，这是正常的。师生都会有压力。即便做了充分预热，有些班级，因为没有在大场合上公开课的经历，孩子们肯定会拘谨。在这种情况下，老师一定要沉得住气，内心要波澜不惊，千万不要直接说"大家要放松，不要紧张，自然一点，声音响亮一点"——其实，这是老师自己紧张的表现。老师的焦虑与紧张，是会传递和感染的，这样的"减压"，无异于"火上浇油"，孩子们会越来越紧张。我的经验是，放慢节奏，将压力化解于无形。对策有二：

一是小组讨论。提出一些稍微有挑战性的学习任务后，教师不要急着让学生回答，可以让学生小组讨论，在组间发表自己的观点。老师巡视，蹲下来倾听学生的发言，摸摸他们的脑袋，或者竖个大拇指，孩子就会树立信心。

二是多多表扬。一个班级，再沉默，总有一些胆大的孩子举手的。对这些发言积极的同学，教师要大力表扬。偶尔有一些很简单的问题，你可以让一些不举手的孩子尝试回答。答出了，教师要表扬："回答得很好，我希望看到你能主动举手。你一定会的！对吗?"孩子一定会点头的。这种心理暗示，很重要。人只有在体验成功的过程中，才能建立自信。

第六条贴心建议：要"见异思迁"，不要"从一而终"。

任何一节公开课，都会遭遇不测。最尴尬的是忽然断电或者课件故障。所以，你的教学方案，就得"见异思迁"，不能"从一而终"，你得根据课堂的实际情况，启用另外一套方案。无论在哪个地方卡壳，你都能应付自如。这也提醒我们，公开课的课件要做得简单一点。越复杂，越容易出问题。

第七条贴心建议：要"遮遮掩掩"，不要"一览无遗"。

一般来说，大部分公开课，都会事先有教学设计印发给与会者。有些上课老师，会把自己的详案贡献出来，所有问题、每句导语以及学生如何作答，都一览无遗地写出来。这就没必要了。

听课的老师，也是需要期待的。如果你把详细的教案写出来，你接下来的每一步甚至每一句话，听课者都了如指掌。那么，对课的期待感，就降低了。因此，公开课的教案——特指需要印出来给与会老师的教案，只要写清楚目标、重难点以及大致流程，即可。最精彩的教学环节与设计，可以简单地一笔带过。唯其如此，听课者才会不断收获惊喜。

几句题外的话：

第一，有人说，所有的借班上课，都是"耍流氓"，公开课，就是要在自己班级里上。这个说法，我赞赏。但目前，在中国，这样的"耍流氓"必将长期存在。因此，借班上公开课这个话题就有讨论的价值。

第二，上述这些"贴心建议"，都是"雕虫小技"，如果你文本解读功夫不深，教学设计不合理，课堂驾驭能力欠缺，光有这些"雕虫小技"，仍然是不行的。关键，要把功夫下到备课和课堂实施的能力上。"冰冻三尺，非一日之寒"，公开课之道，是无法三言两语讲得清楚的。其实，像我这样的上过数百节公开课的老手，也会"败走麦城"。因此，公开课的真功夫，要下在课外。

另，如果我们把每一节公开课都当作研究样本，不把追求完美当作目标，那么，我们便不会顾忌那么多了。你甚至可以不试教，原生态地呈现。当然，这是对经验丰富的老师的一种高要求。

借班上课，怎样的课前谈话最有效

近些年，我经常上"裸课"。我说的裸课，是没有经过试教直接走进公开课课堂的课。这里特别提醒的是，裸课对自己的要求非常高，重要赛课或重大场合，没有足够的信心，不要轻易去挑战。裸课，加上借班上课，学生紧张，是经常会碰到的，这也是一个很值得探讨的问题。

怎么疏解学生的紧张情绪？课前谈话就是比较常用的策略。

大庭广众之下上课，老师和学生初次见面，彼此有陌生感，学生难免有紧张的情绪。其实，紧张来自安全感缺失。课堂是陌生的，观众是陌生的，教师是陌生的，甚至教学内容也是陌生的，于是，孩子们就焦虑不安。这就像有些人晚上只认自家的床一样，一旦换了床，就睡不着了。因此，如何消除紧张情绪，平复心情，让孩子快速建立心理安全感，就是公开课需要面对的第一个重要问题。

建立安全感的其中一个办法，就是课前谈话。选择合适的话题，通过五分钟的谈话，让学生快速地放松下来，建立对老师良好的印象，这就是课前谈话的价值。

好的谈话，像润滑剂一样，让师生很快融洽起来；好的谈话，就像一缕春风，吹走学生紧张情绪，师生轻松愉快地进入课堂。

当然，如果课前见过面了，这种谈话就没有必要了。

首先，好的话题非常重要，需要精心设计。有些老师，课前谈话非常随便，上课之前，压根儿没想到谈什么。上课了，不少老师经常很随意地会问："猜一猜，老师今年多大？"

其实，这是一个很尴尬的问题。特别是女老师，如果只有三十几岁，学生要是猜你四十几岁，你是哭还是笑？或者哭笑不得？

还有一些老师经常让学生说说自己的名字来历，这和本节课有什么关系呢？我想，如果你的课，和自我介绍有关，那么说说名字，也许是必要的。但是，如果压根儿名字和课无关，让学生说名字的来历，就意义不大了。

好的课前谈话，最好的话题是跟课有那么一点沾边。

我在上《穷人》这节课的时候，从莫言的《红高粱》和张艺谋的《红高粱》之关联开始聊起。因为莫言那一年刚刚获得诺贝尔文学奖，孩子们也熟悉张艺谋，由这两个人物入手，孩子们很感兴趣，有话可聊。

上课之后，引入雨果和托尔斯泰的关系——雨果写了小诗《可怜的人》，托尔斯泰把它改成了小说。无论是张艺谋改编莫言的小说，还是托尔斯泰改写雨果的诗，都是一种创造。就这样，水到渠成地进入了新课。从身边来，从热点事件来，又与课建立适度关联，这就是好的话题。

再如《新体验作文》一课，我编出一个子虚乌有的动物"巨角猬"，让孩子们根据我的介绍，去考试，结果，全班孩子都得了零分。他们觉得很惊讶："老师，我刚才明明听了你的介绍答题的，你为什么给我零分呢？"实际上呢，这个过程中，我是暗藏玄机的。因为我说过，据说科学家至今没有见过这种动物。

其实，我在课前谈话的时候，就埋下了伏笔。这节课的课前谈话，我给同学们做了一个特别的自我介绍，这个自我介绍有些话是真的，有些话是假的，请学生用心听、判断真假。这个设计，跟课堂上让孩子们用心去聆听、用心去判断是息息相关的。好话题，总是草蛇灰线，貌似漫不经心，实则匠心独运。

再如《一个印象深刻的人》，我是怎么引入的呢？先出示三幅人物QQ头像，请学生判断一下哪一张是我的。我先出示女的QQ头像。学生说：

"老师，这个不是你的，上面写的是女字旁的她。"接下来，我再出示两个男的 QQ 头像，请学生根据文字和课堂上见到的张老师，辨析推测，这两个人哪一个更像张老师。

这个谈话的目的是什么呢？QQ 头像，大家都很熟悉，我想告诉孩子们，对一个人的印象，可以从多个角度去评价，可以是他的音容笑貌，也可以是他的穿着打扮、胖瘦高矮、性格脾气等。这样的课前谈话，让学生忘记了紧张，全身心放松下来，自然而然进入课堂。好的课前谈话，在轻松随意的氛围中，不着痕迹地为课堂教学埋下了伏笔。

再如《金钱的魔力》，课前，我让孩子们观察小沈阳、赵本山等明星的肖像漫画，孩子们一下子根据特征说出了是谁；再引入我自己的漫画，让他们猜猜是谁，在我的引导下，孩子们大都说了出来；接着出现一幅肖像漫画，让孩子去归纳漫画的特征——夸张。上课了，再出示马克·吐温站在竹筏上的肖像漫画，随机介绍作者的名字来历和他曾经的水手生涯。最关键的是，这节课的核心教学目标，就是通过朗读，感受马克·吐温漫画式的讽刺写作手法。好的课前谈话，气氛活跃，又能锚定教学重点，一举两得。

第二点，好的谈话，要尽量让学生快速放松下来。课前谈话最好还要让学生笑起来，谈话的内容要有意思，尽量让学生多说、愿意说、敢于说。低年级，还可以适当跟学生一起做做简单而好玩的小游戏。当然，要预防为了笑而笑，切忌恶俗。

第三，时间要适度，好的课前谈话一般不宜超过五分钟。课前谈话，不是正餐，而是餐前开胃小菜，不能喧宾夺主。如果学生进入状态太快了，兴奋得过早，到真正高潮的时候，反而会有情绪的回落。课堂要渐入佳境，谈话时间就不宜太长。如果聊天就聊了十分钟，就有喧宾夺主的嫌疑了，听课的老师也会厌倦。

怎样让慢热的学生进入学习状态

在公开课上，我们经常会遇到学生慢热的情况。课已经进行十来分钟，但学生始终兴奋不起来，看上去还是很紧张，站起来扭扭捏捏，眼睛不敢看老师，说话轻得跟蚊子哼哼似的。

课，似乎被什么东西卡住了，就像歌唱家嗓子被堵住了似的，不顺畅，不舒服。

这里，给大家提供比较实用的几个小技巧，也许可以让慢热的孩子尽快进入状态。

第一招：别提"紧张"两个字

这个时候，教师一定要淡定，千万不能说："同学们，没关系的，别紧张。"你越说别紧张，孩子们就会越紧张。就像一个人正在走钢丝，你不提醒他，也许他忘记了自己在走钢丝；你大声喊，慢一点，千万别掉下来，他反而紧张了。课前谈话也是这样，千万不要问："同学们，你们紧张不紧张？"也许学生本来是不紧张的，你这么一说，反倒紧张起来了。总之，老师要不动声色，让孩子们在学习的过程当中，自然地放松下来。

第二招：多摸学生小脑袋

看到学生慢热，老师内心要波澜不惊，不要让孩子意识到自己很紧张，切不可火上浇油，建议老师可以对教学适度地降低要求。

特级教师于永正曾经举过一个生动的案例。有一次，他在新疆上课，老师启发了好长时间，孩子们就是不举手，怎么办呢？于老师发现这些孩子课文读得不熟，就马上改变了思路："同学们，这样吧，你们跟着老师来读课文。"然后于老师就一句一句地教，孩子们一句一句地跟读。这个孩子的头上摸一下，那个孩子的头上摸一下，大家读得越来越好。接下来于老师问，刚才被我摸了小脑瓜的举手？一下子举起了不少手。

"哈，我要奖励你们！"于老师笑着说，"请你们来读课文。"就这样，孩子们逐渐胆子大起来。后来，于老师又提了几个小问题，慢慢地，学生的状态越来越好了。

第三招：多让学生小组交流

在你原本的教学设计当中，也许本来没有小组合作环节。但是，如果学生启而不发，我们就可以试着改变教学策略，可以对学生说："同学们，这个问题有一点点难，咱们在小组里面先讨论讨论。"然后，老师走进三五个小组，听一听，跟他们一起聊一聊，帮学生把答案引出来，然后肯定学生："嗯，你说得真不错，一会儿，你来举手好不好？"这时候，老师一定要把孩子的位置给记住，对他笑一笑，摸一摸脑袋，学生也许会点头答应。

慢慢地，就有三四个、四五个孩子举手了，然后老师可以说："我知道咱们班同学是慢热的状态，就像电脑一样，它的容量太大了，硬盘太大了，需要时间启动。来，眼睛看着老师，我相信大家一定会慢慢启动。"

就这样，孩子在老师的带动下慢慢地举手了。我们再找个胆子大一点的敢正视老师的学生，多表扬，多鼓励。或者，老师也可以把大问题切分成若干小问题，这样慢慢地，就把孩子带起来了。

第四招：激发学生好胜心

还有一种慢热，可能是因为孩子们来自两个班级，彼此之间不熟悉，放不开（一种原因，是借班学校怕学生基础跟不上，故意进行"优化组合"；一种原因，是孩子们真的有事情，只能临时组合一个新的班级。无论哪种情况，上公开课的老师一定要理解）。

因此，教师在上课前，一定要悄悄地问一下学生，你们是一个班，还是多个班组成的？如果是多个班级组成，可以请学生课前夸夸自己班里的精英人物或有个性的学生。

教师要在课堂"煽风点火"，究竟哪个班孩子表现出色。同时，告诉孩子们，今天这个班级，就是临时组建的班级，算是五（10）班，哪个班哪位同学表现好，我们让谁来当临时班级的班长。这样一来，孩子们就建立了一种临时性的学习共同体，不安全感，就消除了。在好胜心的激发下，慢慢地，他们也许会渐入佳境。

第五招：让学生把外套脱了

如果还是不行，我们要寻找原因，是教学任务孩子们理解不了，还是有其他原因。若教学内容太深，学生接受不了，则降低难度。

若是发现有其他原因，比如，孩子衣服穿得过多了，加上台上的灯炙烤得很热，孩子们额头不断冒汗，则可以让孩子把外套或者马甲脱了，活动活动，这样，孩子也许就放开了。

我有好几节课，学生就是这样放松下来的。记得 2017 年在扬州上《忠犬八公》，孩子们紧张得不得了，一个个很拘谨。仔细一看，哈，一个个衣服裹得严严实实的，于是，我让他们把外套脱掉。全班学生如释重负，一下子放松下来了。课，也渐渐走向顺畅，后面，渐渐掀起了一个又一个小高潮。

第六招：把听课教师当木桩

其实，有时候，使尽了浑身解数，孩子就是动不起来。实在没办法了，我们就认命吧，上一节安安静静的课，也挺好。

安静的课，未必学生就不在学习。很多时候，所谓的活跃，是做给听课老师看的。孩子们在读书，在动笔，在思考，即便没有发言，也是在学习。这种静悄悄的学习，也许是一种静水深流。当然，一堂课，既能"静水深流"，又能"流水潺潺"，观感会更好。

把该做的事情做好，剩下的，咱就管不了那么多了。场面难看，也没有办法。唯有把听课老师当木桩，自我安慰呗。

同课同构·同课异构·异课同构

——磨课三部曲

1

《小学语文教师》编辑部首倡的"辩课进校园"一直很火爆。主持人陈金铭的个人风格，为活动加分不少；更主要的，是"同课异构"这一教研模式，满足了人类普遍的"爱看热闹"的心理。那场面，犹如一群看客围观两三个人"吵架"，恨不得他们大打出手。不管谁输谁赢，有热闹看，就行。加上来一个嫌事儿不够大、火上浇油的主持人，这样的辩课，不火爆，天理难容。

不仅仅是"辩课进校园"，不少教研观摩活动，都是把名师新秀"同课异构"当作看点。多年前，我也曾作为新秀，和特级教师"同课异构"过；后来，我也曾多次和新秀"同课异构"过。这样的教研，确实蛮有意思。同一课文，不同的老师，将其演绎得完全不同。这一模式，至今依然风行，且一直作为教研活动的亮点，受人瞩目。可以预见，"同课异构"，必将长期存在。

需要指出的是，"同课异构"不能仅仅作为"看点"，而要通过"看点"去"看见"。看见文本解读的异同，看见目标制定的异同，看见课堂实施的异同，看见课堂理答的异同，看见教学智慧的异同。然后，求同存异，深入思考教学内容的选择，教学目标的制定，教学板块的推进……唯有深入思考，才能从"同课异构"中，获得足够多的启迪。

否则，只是看热闹罢了，就像"中国好声音"的 PK 环节，热闹过后，啥都没了。

2

在"同课异构"备受关注的同时，我们一直忽略了很重要的磨课方式，那就是"同课同构"。说得简单一点，就是同一篇课文，用同样的教学设计，由不同的老师在不同的班级演绎。课文是相同的，教学设计是相同的，但，教学效果常常大相径庭。这里边的东西，更值得深入研究。

同样的教案，呈现不同的教学效果，是什么原因？是教师个人底蕴差异，还是学生基础不同？是临场调控出现问题，还是学习氛围不对？是教师个人风格和教学设计不匹配，还是学生集体学习风格与教学设计不吻合？是关键性的环节没处理好，还是课堂预热没处理好……课后，还可以借助录像，把两个片段截取出来，反复回放，两两对比，分析原因，寻找对策，进而总结规律性的东西。

这样的"同课同构"，还适合于年轻教师"克隆"名师课堂。模仿，是学习本领极为重要的途径，任何人概莫能外。年轻教师在起步阶段，反复观看名师录像或阅读课堂实录，然后，借助名师的设计，到自己的班级里试着上上看。这种"试着上上看"，其实，是另一种形式的"同课同构"。从学不像，到慢慢地越学越像，这就是进步。至少，你可以把名师的设计演绎得以假乱真。虽然，这还停留在"模仿秀"的阶段，但，这种模仿，在教学技术提升上，作用是很大的。

年轻教师，可以选定自己的偶像（这个偶像，要慎重选择，一定要选择和自己气质相仿的，否则，你只能东施效颦），与之"同课同构"——把他（她）不同时期的课都找出来，一节一节地模仿，模仿到别人都觉得以假乱真了，就不要再继续。这时，你可以试着摆脱他（她），开始创造属于自己的风格。

3

"同课同构""同课异构"，各有不同价值。前者，侧重研究教学实施的智慧；后者，侧重研究教学设计的智慧。其实，还有一种研究的方式，也非常值得推崇，那就是"异课同构"——这里的"构"有了"建构"之意。

"异课同构"有三层意思。

一是，围绕着同一位名师的不同的课，研究他的课堂共性。比如，我们可以研究支玉恒、薛法根老师不同时期的阅读课，从中探究他的教学设计艺术，有哪些规律性的东西；还可以研究他的课堂理答智慧、练笔设计技巧、朗读指导技术等。这样的"异课同构"，围绕着同一位名师进行，把他读深读透，你就能初步把握他的教学思想精髓和教学艺术本质。这样系统的研究，比孤零零地看很多人的课，更有价值。因为，这样的研究，是透过"开满鲜花的课堂"，探究精彩背后的智慧。看一节课是否精彩，可能更多停留在"技"的表象，而透过一群课的研究，可能会触及"道"的内核。

二是，研究同一体裁（或类型）的不同的课，从中把握这一类课的教学规律。比如，我们研究小说怎么教，可以找出小学语文课本中的经典小说。《金钱的魔力》《草船借箭》《王熙凤初见林黛玉》《临死前的严监生》《凡卡》《小音乐家杨科》……通过这一系列课例的研究，发现小说教学的规律。甚至，可以细分为：中国古典小说、现当代小说、西方翻译小说、小小说。以此类推，散文、非连续性文本、诗歌，一类一类地研究，教学智慧，一定会慢慢增长。这，也是"异课同构"。

三是，研究同一篇课文不同名师的精彩演绎，从名师"对对碰"（甚至"多对碰"）的课堂中，寻找语文之道。这样的课例，太多太多了，多得难以枚举。《丰碑》《再见了，亲人》有支玉恒、贺诚版本；《长相思》有于永正、王崧舟版本；《祖父的园子》有于永正、窦桂梅、薛法根、虞大明、蒋军晶、武凤霞、闫学、陈金才版本；《曼谷的小象》有支玉恒、杨明明版本；《圆明园的毁灭》有于永正、王崧舟、窦桂梅版本；《二泉映月》有薛法根、孙双金、王崧舟版本；《水》有薛法根、管建刚、魏星版本；《林冲棒打洪教头》有于永正、窦桂梅、张康桥版本；《去年的树》有王崧舟、周益民、蒋军晶版本；《伯牙绝弦》有闫学、罗才军版本……有时候，我也会不揣浅陋，把自己的课和他们的进行比较研究。如《狼牙山五壮士》《祖父的园子》《金钱的魔力》《和时间赛跑》《穷人》等课，都有不同老师演绎过，我也试着和他们"对对碰"。虽然我无法企及别人的高度，但，探索的喜悦，无法言表。

　　这样的研究，把课置于更宽阔的背景下，在充分、反复的比较中，思考、辨析、提炼，往往能发现很多有意思的东西。这样的"异课同构"，特别有意思。福建特级教师陈宝铝先生，编撰过一本类似的书，是这种研究范式的经典之作。

4

　　"同课同构""同课异构""异课同构"，这三种研究方式，既可以交叉运用，也可以阶段性实施。个人以为，年轻教师，起步阶段，更多适合"同课同构"，在反复模仿中学步；骨干教师，更多适合"同课异构"，在与别人的对比研究中，增长教学智慧；迈向卓越的教师，则可以多一些"异课同构"，在系统研究中，改造心智模式，形成独特风格。

"集体备课"的正确打开方式

这天，公号后台收到"一墨"老师的留言——

怎样有效开展集体备课？比如一个年级组六个人，分工备课，有的老师认真负责，有的老师敷衍了事。

对这个问题，我做三点回应：

第一，集体备课很重要，也没那么重要。

先来说说集体备课的重要。

教师工作，是极富创造性的，需要创意，需要智慧。

集体备课，集思广益，群策群力，大家围绕同一课书，贡献自己的智慧，形成最佳教学方案。从这个意义上来说，集体备课是极为重要的。不少学校，在集体备课方面，做出了卓有成效的探索。

一般来说，集体备课需要经历"主备先行，出台初稿——集体讨论，完善初稿——主备试教，集体研讨——形成定稿，二次创造"的流程。

主备先行，出台初稿——一般以单元为整体，确定某位教师主备，形成相对完善的教学方案，其他教师事先阅读该单元教材；

集体讨论，完善初稿——提前一到两周，由主备教师将整单元的方案拿出来，给其他老师说说设计理念、流程和意图，其他老师针对第一稿，头脑风暴，主备教师吸纳大家的意见，完善初稿；

主备试教，集体研讨——主备教师或邀请1~2位教师下水上课，大家

93

对第二稿教学方案进行充分讨论，形成集体备课定稿，打印或将电子稿发给教研组老师共享；

形成定稿，二次创造——教研组其余教师根据定稿，根据班级学情，创造性使用教学方案。

经历这样系统的集体备课，我想，相对于个体独立备课来说，应该是高质量的。但问题在于，不可能每单元都经历这样的反复打磨。一个学科组，一单元经历这样一次扎实的集体备课，已属奢侈。事实上，大部分所谓集体备课，是走过场了事：每个教师，领到自己的 1~2 单元，网上找一点，别人那里复制一点，然后，把课件做一下，交货！

这样的"集体备课"，质量如何，可想而知。

我当过四年教研员，翻阅过十几个学校教师的教案，常常会看到 A 学校和 B 学校某年级的所有教师的教案，是一模一样的——是的，一个字都不差！更好玩的，学情分析和教学反思都是一模一样的！

就说教学反思吧，照理，应该是课上完后，手写上去的。可是，教案中，教学反思，老早就写好了。这样的教案，只能是从网上，或者过去上课的老师那里克隆过来的。

集体备课，已沦为"分工抄课"。这样的"集体备课"，当然，就没那么重要了。事实上，集体备课，只是教师备课的其中一种形式，无法取代独立备课。原因很简单，也是我后面要回应的第二个基本观点——

第二，适合你自己班级的教案，只能是唯一的。

教案，是为了学生学习服务的。每个班级的学生，学习基础、学习风格、学习习惯，是截然不同的。用集体备课形成的统一教案，去指导千差万别的学生，肯定是行不通的。从这个意义上说，适合你自己班级的教案，只能是唯一的。

拿着集体备课的教案，面对不同的学生，按部就班，依样画葫芦，这是墨守成规、刻舟求剑。

因此，集体备课的正确打开方式，只能是"集体为辅，个体为主"。亦即，集体智慧结晶，只能是供你教学参照的"样本"，而不是"标准"。一旦把"样本"当"标准"，就把学生当"标准件"加工了。这对个性鲜明的学生来说，是极不负责任的。

再一个，承担集体备课的不同教师，起点、经验以及教学风格，是截然不同的。同一个学科组，也许会有入职1~2年的新手教师，也会有教龄二十多年的"老手"教师。新手的教案，老手看不上；老手的教案，新手用不上。

因此，备课，最终还得自己来！

第三，未经省察的教案，是毫无价值的。

苏格拉底说："未经省察的人生，是不值一过的。"我想将这句话改造一下："未经省察的教案，是毫无价值的。"

尤其是面对集体备课的教案，如果不假思索，拿来就用，对教师的专业发展和学生的成长，是毫无价值的。

拿到一份教学方案，我们要思考：

文本解读，是否有新的可能？

教学目标，是否适切可行？

教学内容，是否恰到好处？

教学策略，是否值得改进？

练习设计，是否顾及全体？

……

这样细细推敲，你就会发现，所谓集体备课的教案，在你这个班级，根本行不通，需要改的地方太多太多。当然，并不是说，这样的集体备课，毫无价值。你会发现，集体备课的教案，总有某个点，是值得你去尝试的。就算一无是处，也为你打开新思路，提供反例。从这个意义上说，集体备课，是有价值的。前提，需要你深入"省察"。

否则，集体备课，就是形式主义。

那么，教师个体备课，可以做些什么、怎么做？

以语文为例，我觉得可以做三件事：

第一，细读文本，发现每一个文本的共性与个性。

首先，要从文体特征去把握文本，寻找这一类文体的共性特征，然后设计教法。小说、诗歌、神话、寓言、散文，文体不同，教法各异。文体，是最上位的言语规则。

其次，要从这一个文本的独特之处，去发现文本的个性特征，设计出这一个文本独一无二的教法。同样是小说，《金钱的魔力》以独白式语言和夸张的神态描写刻画人物；《临死前的严监生》用传神的细节刻画人物；《景阳冈》用精彩的动作描写和对话描写刻画人物；《刷子李》用正面＋侧面描写的方法刻画人物；《穷人》用环境描写和心理活动描写刻画人物。因此，在备课时，我们就要把这一课与众不同的地方，放大，再放大！

第二，沙里淘金，借鉴富有启发意义的设计思路。

互联网时代，资讯浩如烟海，网络、教学精品录以及教学杂志，都是查找相关教学设计的好途径。只要我们用心检索，肯定会找到相应的有价值的资讯。或文本解读，或整体框架，或局部细节，总会给自己一些启发。

找到这些资源后，我们就要进行认真分析：这些设计，有哪些共性？有哪些创意？哪些是可以整合到自己的设计思路中去的？

这里特别需要强调的是，第二步和第一步的顺序不能颠倒。一定要自己先独立思考，否则，他人的设计，会起到"前抑制"的作用。看了别人的设计，先入为主，往往很难跳出框框。过早阅读他人的设计，我们的脑袋，很容易就成为别人思想的跑马场。学生的脑袋，也就成为跑马场里的"遛马场"。

第三，独立设计，寻找适合自己班级的教学方案。

这一步，才是最重要的。如果你在网络上找不到有价值的东西，正好说明，此课难教。难教，才需要你好好教。

你需要静下心来，慢慢地再读文本，甚至可以大声地朗读出来。读着读着，也许豁然开朗。我的不少课，就是这样在反复的朗读中，发现灵感的。

有了灵感，然后，一气呵成，用最简短的语句，写下教学思路——教案，并不是越具体越好。有一定教学经验的老师，适宜采用板块式的教案。写清楚主问题和师生主要活动，即可。教案适度留白，便于关注学生的学习活动。教案写得简单一点，也便于教师有更多的时间处理各种杂事。其实，备课，不是备给别人看的，而是为自己的教学服务的。

可惜，很多时候，恰恰反过来了——备课，是为了给别人看的，所以备得洋洋洒洒。这样的洋洋洒洒，是不是真的好教案呢？我表示怀疑！

我以为，好的教案，大抵是脉络清晰、疏可走马的。太碎烦、太具体了，教师教得累，学生学得也累。当然，新入职的教师，另当别论。

装模作样，真真假假

——关于模拟上课的实用建议

常有老师问，张老师，模拟上课有什么技巧？说实话，我的"模拟上课"，就是一遍一遍地在头脑中反复试教。关于模拟上课，我没啥实践经验。可是，被人问得多了，就不揣浅陋，好为人师起来，遂有此文。

打个也许不是很恰当的比方：模拟上课，相当于没有观众的彩排；上课，相当于正式演出；说课，相当于导演说戏。当然，把课说成演戏，也许不恰当，但我找不出比这个更恰当区分它们关系的比喻了。

模拟上课、上课、说课，都能展示教师的基本素养，需要教师有比较好的文本解读能力、教学设计能力、语言表达能力。模拟上课对课堂表现力更为强调，说课对理论素养要求更高些。模拟上课出色的老师，一般上课不会太差；但说课出色的老师，则不一定就上得好课——当然，也有说课和模拟上课俱佳的老师。招聘教师，更适合用模拟上课；选拔教研员或教学管理人员，更适合用说课。

其实，最能有效检验一个教师教学素养和理论功底的，则是上课+说课。但很多时候，招聘教师，学生不在场，加上一节课需要40分钟，模拟上课则10~20分钟即可。因此，不少地方，就将模拟上课当作了招聘教师的首选，且采用率愈来愈高。

因此，研究模拟上课的技巧，就有了价值。

先来看看模拟上课和说课的主要区别在哪里。

第一，信息传递路径不同。说课，信息传递是"说课教师——评委"

单向传递的。而模拟上课，则是"上课教师——虚拟中的学生——评委"多向传递的。

第二，内容呈现方式不同。说课要说清楚"文本解读、教学目标、教学板块、教法学法和板书等"。而模拟上课，则不需要这么复杂，直接模拟教学现场，不需要教学之外的任何环节。

第三，教师言语特点不同。说课，是要说清楚"教什么、怎么教、为什么这样教"，教师以叙事+说理的方式展开，语言相对平和、理性，多采用成人语调。而模拟上课，则是模拟教学现场，教师以上课者+虚拟的学生双重身份出现，教学语言相对富有激情和感染力，适度儿童化（注意是适度，切忌过犹不及）。

当然，两者之间，也会有很多相同点。需要教师有一定的文本解读能力、教学设计能力、现场表现力……凡此种种，都相通。

基于上述对模拟上课、说课以及上课异同点的认识，对模拟上课，我的建议有两条：一是"装模作样"，二是"真真假假"。

先说说装模作样。说白了，模拟上课，就是"装"的艺术。

第一，假装学生在场。教师的每句话语，每个眼神，每个动作，都要装得逼真，要让评委通过你的举手投足，想象学生的在场。模拟上课的教学指令，要和平时课堂一模一样。

比如："嗯，后排那位女生，你来读读这段话。"

比如："这位同学的朗读，一下子把我们带进了草原！"

比如："好，请大家把书翻到 59 页。"

比如："好，现在大家停下来。"

比如："嗯，这位同学在'忐忑不安'这个词语下做了批注……"

这样的教学语言，就会给评委以错觉，仿佛此刻你正在上课，而不是模拟上课。装得越像，效果越好。

第二，假装评委就是学生。模拟上课，最忌讳眼神从来不和评委交流。教师要大胆地把评委当作学生，一节课下来，至少和每一位评委有两次眼神交流。眼睛是心灵的窗户。真诚会透过眼睛，直抵内心。

第三，假装课堂出现意外。课堂因生成而精彩，同样，模拟上课，我们也可以虚拟设计出一个"意外"的学习场景。这时候，作为模拟上课者，不要马上"处理"，而要留空2~3秒，然后做出巧妙的回应。这样的延迟处理，会给评委造成真实的错觉。你的"巧妙"处理，也会令人会心一笑，评委自然会给你加分。虽然，他们知道，这个"生成"是预设的。但，谁愿意拒绝逼真的表演呢？模拟上课，就是表演啊。表演，不拒绝可爱的"小花絮"。当然，表演要适度。太投入了，会让人起一身鸡皮疙瘩的。

再说"真真假假"。

模拟上课，充满着"真实"的"虚拟"。教学设计是真的，学习发生是假的；教师示范是真的，学生回答是假的；教学目标是真的，目标达成是假的。因此，模拟上课，要处理好"真"和"假"的关系。要做到"真真假假"。具体来说，要处理好以下几对"真"和"假"的关系。

第一，教师教要真，"学生"学要假。教师所有教学行为，都要煞有介事。该范读，用心读——如果你朗读好的话，适当展示；该板书，认真写——如果你的粉笔字漂亮，可适当多写。而"学生"的学习行为，却要虚拟。教师切不可一边当教师，一边当学生。这样身份频繁切换，会把评委逼疯的。"学生"的学，只要做做样子即可。教师的教学指令，语速要放慢，适当重复，给"学生"留下学习活动的空间。一个问题提完后，要停2~3秒钟，教师做扫视状，稍后，指名回答。

第二，教师问要真，"学生"答要假。教师所有的问题，都要真实地呈现。提完问题，教师要假装看着"学生"，频频点头，然后接过"学生"的话头，对他们的"回答"予以回应——其实是自言自语——"嗯，很好，这位同学从穷人的五个孩子的生活，读懂了他们的穷"；"嗯，你抓住了'对着门的一张床'，读出了穷人的穷"……有时候，还可以反问："嗯，你为什么从'睡觉还早'，读懂穷人的穷？你能具体解释一下吗？"稍停，教师开始总结学生的理解。

第三，教师回应要真，"学生"质疑要假。有些课，课文内容具有哲学意味（如《桃花心木》《画杨桃》《和时间赛跑》等），学生理解起来较难，面对这样的文本，模拟上课时，我们可以采用"质疑导读"法，亦即让学生先提问，教师再提炼主问题，紧扣主问题组织教学。那么，教师是否要扮演学生，站在学生的角度，一个问题一个问题地提呢？不需要。教师可以假装根据"学生"提问，在黑板上快速留下关键词。然后，梳理关键词，复述"学生"的问题。

比如《和时间赛跑》，教师可依次板书：

谜语？可怕？很小，很大？老鸟和小鸟？说不出的滋味？

然后，老师就可以开始装模作样地总结：刚才，大家提了很多有价值的问题（手指着板书）。

比如：爸爸等于给我说了一个谜，这个谜比"一寸光阴一寸金，寸金难买寸光阴"还让我感到可怕。为什么让我感到可怕？

比如：为什么那几步虽然很小很小，用途却很大很大？

比如：为什么第二天飞过这条路线的不是老鸟而是小鸟了？

比如：比"光阴似箭，日月如梭"更让我有一种说不出的滋味，我的心里有什么说不出的滋味？

这样的回应，是真实的。但"学生"发散提问的过程，并没有真实展开，而是教师用关键词记录的方式代替。

其实，这些所谓模拟上课的技术，也都是雕虫小技。和上课一样，关键还是要练好自己的内功和外功：文本解读的功夫、示范朗读的功夫、板书的功夫、教学设计力、语言表现力……这些功夫，决定着你能否出色地完成模拟上课。

当然，模拟上课和说课一样，基本礼仪是一致的；扬长隐短、突出重点的原则，还是适用的；把握好时间，是同样重要的。不赘述。

总之，打铁还需自身硬。一切，都要从修炼自我开始，技巧只是锦上添花。个人修炼不到家，光讲技巧，反会弄巧成拙。

每一堂好课都有一万个缺点

1

（千万别以为我是标题党。取这个题目，我是认真思考过的。）

在磨课中成长，大概是大部分中国教师必须要走的路。磨课上课的过程中，常常有人评课。评课形式，不一而足：有三五个人面对面地聊；也有一人面对千人乃至更多人滔滔不绝地评；而今，互联网时代，万人观课，已是司空见惯。

不少人，磨课中，常常会遭遇"精彩极了"或"糟糕透了"的两极评价。

一千个人，有一千种教学主张，也有一千个好课标准；一万个人，有一万种教学观点，有一万节好课的样子。因此，不同的人评同一节课，肯定说好者有之，说差者有之。即便是很优秀的课，评课者站在他者的立场，总会找到这样、那样的缺点。

所以，从这个意义上说，"每一堂好课都有一万个缺点"这句话，是成立的。

因此，面对他人的不同意见，上课者，以何种心态对待评价，如何在众说纷纭中汲取有价值的建议，在自省中坚定教学信念，树立教学自信，是上课者必须面对的一个课题。

2

想起了《詹天佑》被"围剿"的那段"声名狼藉"的日子。

2004 年 4 月，我在浙江"西湖之春"上了一节《詹天佑》。根据试教经历及对课堂的记忆，我综合整理了一份实录，发在"人教论坛"。网友"花开依旧"将此课转到"教育在线"。

彼时，我还没有涉足"教育在线"，经朋友引路，我来至"教育在线"，看到自己的《詹天佑》被"群起而攻之"，帖子里各种截然不同的声音纷至沓来，褒少贬多，语气尖锐！更有极端者，甚至用上了"吐""狂吐""删"等词语。

后来"人教论坛"版主"论语"把"教育在线"的争议转发至"人教"，以《颇受争议"詹天佑"》为主题，发了个新帖。这下引起了更多网友的关注和争议，同样是贬多褒少。曾经心爱的《詹天佑》，遭到如此尖锐的批评，我再也坐不住了，于是"揭竿而起"，写了一篇比较长的回应文章。希望借这篇文章，进一步阐述我的想法。跟帖中，有一段文字引起了我的深思（作者朱煜先生，曾对我的《詹天佑》一课有过批评）。

张老师：

　　您好！

　　您说自己的课堂实录引起了一场风波，我觉得这不是风波，而是一个很有意义的讨论。它说明关注语文教学的人越来越多了。这是好事。您的成绩有目共睹，您的声誉更不会因为讨论而受到影响。相反您和讨论者都会因为讨论而成长进步，您说是吗？

　　让我们携起手来，抛开无用的喧嚣，收集智慧的火花，一起前行如何？

顺颂教安　朱煜
2004 年 6 月 6 日

朱煜的留言，深深地触动着我。他的话，让我浮躁的心逐渐变得澄明。

是啊，很多时候，我们往往认识不到一己之局限，总是站在自己的立场看自己，且以为自己总是正确的。叔本华说，"人常常自我陶醉，正如一只狗认为狗最好，牛认为牛最好"。如果一个人老认为自己真理在握，那么他和牛以及狗又有什么区别呢？想至此，我便决心不再"做牛做狗"，迅速调整心态，以开放的姿态接纳各种声音。

我把"教育在线"和"人教论坛"对《詹天佑》一课的评论逐一下载下来，并认真阅读、思考，并于2005年10月、11月，在北京上了第二个版本《詹天佑》。

回首这段"声名狼藉"的日子，蓦然发现，它对我竟具有里程碑的意义。网络浩瀚如海，我误打误撞地把自己推到"风口浪尖"。昔日藏掖着已变质为"虚荣"的自尊，被这巨浪击得粉碎，我得以重新认识自己，感谢这滔天"巨浪"！

何况，网络世界出乎意料地有着"虚拟的真实"。无数最为可贵的真实声音在"虚拟"背后迸发，于是，有了那一片狼藉，也有了"狼藉"之后弥足珍贵的一片澄明。我的视界和胸襟也就得以豁然开朗。

3

说起《詹天佑》，还有一段难忘往事，不得不提。

2005年11月，我在北师大的一个活动中，执教此课。此课借首都各界纪念京张铁路肇建100周年，让孩子们去探寻詹天佑让今天的我们感动的细节，拓展了不少电影《詹天佑》中的素材。课的现场效果应该是不错的。课毕，与北京原崇文区教研员吴琳以及贾志敏老师一起互动。吴琳老师在互动评课中，借助台下听课教师的问题，对我的课提出了比较尖锐的批评。

现场互动，非常火爆。前几日，我收到会议主办方庞玉和先生寄给我的光盘。十四年前的互动细节，鲜活再现。

吴琳的追问，可谓步步紧逼。我呢，则颇有"兵来将挡水来土掩"的意味。真不知道这股勇气从何而来。大概，是初生牛犊不怕虎吧。

此后十几年的教学征途中，我不止一次地遭遇类似的评课。有了那次评课的经历，我，面对什么样的声音，似乎都能够见怪不怪。

唯独一次例外。

一位知名的专家，在千人面前评我的作文课。一上来就说，作文教学观摩课，就应该上教材里的，不应该上课外的。

不知道哪里来的无名火，"噌"地冒了上来。我不客气地质问专家：谁规定，作文公开课，必须上课内的？

场面尴尬。

我尊重真诚评课的专家，但对"骑着"评课的专家，则有一种本能的抵触。

杂文家陈四益先生在《站着读还是跪着读》，指出了读者的四种不同心态，一曰"坐着读"，一曰"站着读"，一曰"跪着读"，一曰"骑着读"。

这一观点，迁移到老师观摩公开课，我以为可能也有四种状态：

"坐着听"，把上课教师当伙伴，耐心聆听，真诚探讨，平等切磋；

"站着听"，把上课教师当同行，洞察意图，探寻奥秘，自我建构。

"跪着听"，把上课教师当偶像，顶礼膜拜，马首是瞻，自我迷失；

"骑着听"，把上课教师当敌人，横眉冷对，横刀立马，横加指责。

我欣赏"坐着听"，尊重"站着听"，担忧"跪着听"，反感"骑着听"。

客观地说，大部分专家，将"坐着听"和"站着听"结合得比较好。但也有个别专家，永远是"骑着听"的姿势，在他的眼里，中国语文教师，都不会上课，每节课，都是毛病一大堆。

这就是典型的"骑着听"。骑着听课的人，永远"真理在握"，其思维方式常常是"这节课，有什么问题"，而不是"这节课有哪些亮点"。

4

想起了日本的佐藤学教授。

佐藤学教授，听课上万节。他永远睁大双眼，发现教师的教育智慧；他把更多的时间，花在观察学生是怎么学习的，以及教师是怎样促进学习的。

因为佐藤学先生倡导的听课的姿态，他所在的学校及区域，教师之间相互听课，蔚然成风。

听课，是为了从"你"这里学习教学智慧，而不是为了让"你"更完美。事实上，世界上，是不可能有完美的课的。用"找毛病"的思维方式去看课，看到的，大抵全是问题；反之，用"找亮点"的思维方式去看课，看到的，是值得学习的智慧。

我以为，听课的最大意义，是"学习你，完善我"。用心地聆听，千方百计挖掘这一节课的亮点，并试着与自我经验融合，让自己的教学智慧更丰厚。

当然，观课过程中，发现问题，可真诚地与执教者探讨。之所以提"探讨"，而不是"批评"，是因为，教学领域中，谁都不敢说自己是真理在握的，谁都当不了权威。很多观点，在你看来是正确的，其实不一定正确；很多想法，在今天看来是对的，到了明天，也许就是错误的。因此，任何观课者，切不可以权威姿态出现，而要心平气和地提出自己的一点主张、一些想法，供对方参考。

我常常这样提醒并告诫自己。

再者，作为上课当事人，要有一颗平常心，切不可"跪着"上课，更不可"骑着"上课。他人的意见提得有道理，坚决虚心接受；提得没道理，不必违心接受。在不伤和气的前提下，我们完全可以有理有据、有礼有节地和批评者探讨。上课者与评课者，都是站着或坐着，相互平视的人。

一线教师，要"站直了"上课，既要保持必须的谦卑之心，又要保持必要的自信之姿。你说得对，我谢谢你，认真改正；你说得不对，我谢谢你，坚决捍卫自己的主张。当然，有时不知道究竟说得对不对，则可以不必急于回应，微笑着点点头，让时间去说话。

每一堂好课都有一万个"缺点"，但我们一定要找到一万零一个优点。如此，我们才会在教学的路上，越走越好。

（哈，写这篇文章，我是认真思考过的，我真的不是标题党。）

我最不喜欢听谁的课

我最不愿意听自己的课，但我常常一遍遍地听自己的课。

听别人的课，要么是一种赏心悦目的享受，要么能带给自己思维的乐趣。但听自己的课，却是一种受罪。看着屏幕中熟悉而陌生的上课者，总有说不出的怪怪。

那些闪闪发光的环节——假如真有的话——早已熟记在心，一举手一投足，甚至每一个表情，每一句话，都记得清清楚楚。因此，看自己的课，看到的，几乎全是缺点。

常常最不能忍受的，是自己的形象。

尤其是十多年前的课。上课那人，年轻是比现在年轻多了，但是，胖，肉嘟嘟，满脸胶原蛋白。可恨的是，头发有时还乱糟糟，怎么看怎么别扭。

更为别扭的是，自己听自己的普通话，那是真的普通啊。该翘舌的，翘得不到位，基本没有后鼻音，第二声和第三声，常常傻傻地分不清。真怀疑，那二甲是怎么考出来的！敢情是评委这天耳朵感冒了？！还是音色还不错，一俊俏遮百丑？

这些，似乎还勉强可以忍受。最忍受不了的，是有时话特多。特爱抢学生的话头，显摆！有时候还要故意逗听课老师笑。明明学生回答问题后，不需要接话头的，这家伙，几乎每句都接！

其实，最最难以忍受的，是课堂提问。问那么多问题，干吗？为什么总是请学习成绩优秀的孩子回答？那些学习有困难的孩子，怎么不关注了？

越看，越不是滋味儿；越看，问题越多。几次想停下来，关掉电脑。可是，人，往往就是自贱，一种看烂片看它有多烂的恶作剧心态，盘旋心头，挥之不去。

罢罢罢！既然问题一大堆，债多不愁，虱多不痒，让我一次看个够！

于是，在这样自轻自贱自怨自艾自嘲自黑中，终于，把课看完。

记录下一大堆值得改进的地方，马上关掉电脑，逃离"糗事"现场——那感觉，极像看完烂片，心情复杂，头也不回，走出影院。

暗暗发誓，以后，再也不看这种烂片了。

然而，没过多久，又忍不住烂片瘾发作，又一次鬼使神差翻出曾经上过的那些课，与课中的自己，做一次超越时空的对话。

看的次数多了，会对曾经"烂片"主演的当下演出，多多少少有些警醒——

话少些，再少些，省出时间给更多学生；

不要为了幽默而幽默，课堂不是讲相声的地方；

提问，要尽量少而有质量，多提主问题；

课堂，尽量照顾不同层次的学生，优秀学生，不是你教出来的；

课堂，要还给每个孩子，至少要让一个后进生有体验成功的机会。

至于普通话，年纪不小，改不了了，顺其自然。

偶尔，也会有自我陶醉之时。看到那些超常发挥的教学片段，真想情不自禁地伸出右手，在左肩用力地拍——嗯，真不错，你小子，还蛮有才的嘛！

你看他，正在上《神奇飞书》。台上突然断电，半明半暗，他居然处变不惊，"忽悠"学生站到舞台正中，让他们使尽洪荒之力，对着观众喊话。课，由此柳暗花明，"事故"变成了"故事"！

你看他，遇见一个学生看不见屏幕上的字，不是让学生立马坐下，而是让学生与前面视力好的学生换位置。嘿！没想到，这个看起来南人北相的家伙，细心起来，比女人还细心！

你看他，课进行了十几分钟，孩子们还是很拘谨。忽然，他摸了摸几个孩子的额角，做出一个惊人的举动——让全班同学一起，把马甲脱了！这下，全班学生一下来劲了。课，慢慢进入高潮。

你看他，上作文讲评课《一个印象深刻的人》，与一群陌生学生合作得水乳交融天衣无缝，简直怀疑是排练过的。整节课，就像小品一样好玩又高效！

嗯。烂片中，也会有吉光片羽赏心悦目。看烂片的心情，似乎也春光灿烂猪八戒了。

有一节课，回看的次数最多，大概看过三十几遍——嗯，确实够自恋的。居然会看自己的课三十几遍！

这节课，主要是看学生的。尤其是那个叫孟琴靓婧的女孩，简直就是"戏精"，要什么，来什么。说学逗唱，一应俱全。居然在课堂上调侃起自己的美术老师！

反复地看这节课，主要是来放松的，当小品看。是的，就是当小品看！看完后，也会偶尔自恋地总结：这节课之所以这么好玩，主要是教师发现了这个天才儿童并给了她充分的释放天性的机会。为什么这个天才儿童能够脱颖而出呢？关键是教师给予安全感和足够的教学民主，学生把老师当伙伴而不是老师，才会有那样融洽的气氛。

就这样，笑一笑，十年少。同时，在笑的过程中，貌似在总结成功经验。最关键吧，看一回，崇拜一回——不是崇拜自己，是崇拜那个学生。嗯，是的，学生确实值得我们崇拜！他们天真烂漫，他们无拘无束，他们没心没肺，都是值得我们崇拜的。

常常，是学生教我教书的。

其实，最不愿意面对的，是那些上得一塌糊涂的课。由于准备不充分，加上学情"奇葩"，有些课，上了一次，体验糟糕，就再也不愿意去碰它们。

一场梦魇！

照理，应该主动把它忘掉，甚至埋葬，才好。

然而，常常鬼使神差，鼓起极大勇气，重看至今想起来都会羞愧难当的课。

看这样的课，比挨打挨骂，还难受。这种心情，没有经历过的人，真的很难体会。这感觉，大概就跟杂技演员从钢丝上掉下来，魔术师在重要的舞台上出洋相，是类似的。

看这样的课，真的是一次心灵炼狱，仿佛重回至暗时刻。看完，发誓，再也不能这样上课！这，大概就是所谓的"知耻而后勇"吧。

这样少数几节课，就像丑课陈列馆，永远地留在我的公开课记忆中。它们，绝不会随着岁月流逝而被淡忘，反而历久弥新。

历久弥新的，其实是上砸了的疼痛感。疼痛，其实也不全是坏事。

常常，看着看着，有了新的灵感，于是，又会演绎一个完全不同的版本。新版本，当然比老版本好。于是，兴奋之余，写一篇磨课记，与往事干杯。

于是，那些曾经伤痕累累的课，成了美丽的珍珠。

Chapter 3

当我们谈语文时，我们谈什么

简而丰：语文教学的应然追求（上）

一度，"简单语文"，成为语文界的流行词。专家们的提法，是简简单单教语文。这个简单教语文，是相对于把语文弄得很复杂提出来的。但是不少一线教师，则误以为，教语文是很简单的，于是，打着"简单教语文"的旗号，不细读文本，不精心备课，应付了事，将语文教得了无生趣。这样，就从一个极端走向了另一个极端。

一、简约与丰满

怎样理解语文教学中的简约与丰满？我有以下四点基本思考：

第一，简约，不等于简单。简单指"结构单纯，头绪少，不复杂"，对于语文教学来说，是指教学的内容、方法、手段单一，不复杂。而简约，更多地指向于教学状态和效果，是一种凝练的概括，是"言近旨远""辞约旨丰"；是"以一当十""大道至简"。

第二，简约，是丰满的前提和基础。从教学目标、教学内容、教学方法到教学手段，尽可能地不繁杂，简洁而清晰。只有这几个方面做到精简，作为学习的主体——学生才有更多的言语实践机会。学生与文本的对话，生生对话，师生对话，才会有充分的时间，这是教学走向丰满的前提和基础。

第三，丰满，是指将教学的核心板块，充分展开，使之饱满，富于张力。因为"精简"之后，教学头绪少了，教学内容集中了，教学板块少了，那么指向于教学核心目标的板块就可以精雕细刻，重锤敲打，走向丰满。

第四，"简约"和"丰满"，不是一对反义词，而是辩证统一的关系。如果说"简约"指从目标到内容，从方法到手段都不蔓不枝，干干净净，那么"丰满"则是指在教学过程中学生言语能力和言语智慧发展的最优化，表现在课堂上，亦即充满张力。物理学中的所谓"张力"，实际上是一种拉力，是物体间或物体各部分间所能承受的拉拽的力量。其相互作用具有使物体形变或改变物体运动状态的效应。课堂张力则指在课堂教学活动中，由主体（师生）和客体（学习材料、学习环境）的相互作用、相互影响而形成的各种思维结构与方式，即思维的立体网络。在课堂上，因为教师对教学活动做了"简省"的处理，学生主体探索的时间和空间，就大大增加。那么，课堂上师生主体活动就能发挥出最大功能，从而获得比较稳定的、良好的认知效果。

简而丰，语文教学的应然追求。

二、从繁复走向简约

语文并不简单，并不是说我们要把语文教得复杂。而是努力追求用最简约的方法和手段，引领学生走近复杂丰富的语文，让学生学得轻松、扎实，不再视母语学习为畏途。语文教学，要从繁复走向简约。

第一，精简目标，让语文回归本体。

这里的目标，有两层意思。

第一是指学生学习语文的大目标要精简。我们的语文之所以被搞得很复杂，其主要原因在于将本来很清晰的教学目标人为地模糊化，不少目标游离于语文之外——譬如，学习科普性文章，很多老师将目标定位为了解科学知识，而对于文本是如何表达科学知识，则置之不理，这就是典型的目标游离。学习语文的主要目标是什么？我以为要回到语文的"本体"上来，那就是"识字""写字""阅读""表达"——认识常用字，写好常用字，学会阅读适合阅读的文章（书本），学习顺畅地表达自己的所见所闻所感（口头和书面）。只要将这四件事情做好了，语文也就学好了。从这个意义上来审视语文，我们不难发现，在日常教学中，我们将语文的目标搞得太复杂，以至于抓不住本质的东西。

第二是指一篇课文的教学目标要精简。很多老师，面对一篇课文，往往无所适从，不知道要教什么东西，看看这段，好；看看那段，也好！于是从头到尾，蜻蜓点水地将课文过一遍，教学目标多而杂。其主要原因是没有把握文本的特点，确定合适的教学内容和教学目标。正如王荣生老师所指出的，确定语文教学的内容，往往比怎么教还重要。长期以来，由于我们的语文老师和课程研制者尚未解决"教什么"的问题，因此，语文教学就只能"模模糊糊"一大片了。

因此，我们说，简单教语文，首先要明确目标。教师要抓语文学习的大目标，在各个学段都不忘紧扣"识字""写字""阅读""表达"这四大块。涉及具体的课文，则需要教师对文本进行深入解读，紧紧围绕"语文素养的综合提高"，根据文本的表达形式和人文意蕴，确立相对集中的、切合儿童认知规律的教学目标。目标要做到集中简洁。只有目标集中简洁，教学才能做到简约而丰满。"伤其十指，不如断其一指"，就是这个理儿。当然，目标集中，并不意味着学习过程就一定单调。在教学预设时，教师要充分考虑每一个环节的多功能性，尽力做到"以一当十"，努力让每一个教学环节都显得慧意玲珑。

一篇课文在存在许多教学价值点的情况下，教学设计不仅应该关注文本的核心价值，更要抓住"语文学习的核心价值"。重点挖掘课文隐含的语文学习价值，重点训练学生对语言的感受能力和表达能力，重点完成语文课应该完成的教学目标，而适当弱化文本中可能隐含的其他教育价值，比如科学普及价值，社会生活认知价值，思想品德养成价值，生活能力指导价值等。在判断文本核心价值的时候，要从以下四个方面入手：具有语文特点，具有统领性，有明显的特征或代表性，便于上升为规律性的知识。这个规律性的知识——就是简约之约。

第二，精简内容，为生成充分预设。

语文教学，目标制定是第一位的；而决定目标达成度的，则是教学内容的选择。我们要善于选择有助于教学目标实现的教学内容，充分预设，如此方能让语文教学走向简约，走向丰满。

窃以为，看一节课是否具有无限丰富性，得看对所选教学内容的充分的"预设"。而看预设是否充分，是否有助于达成目标，关键看预设的呈现方式。如果"预设"的教学流程是"线性"的，那么这样的课堂往往是教学内容多而杂的，这节课也往往死水一潭。因为内容庞杂的线性程序难以包容课堂教学的复杂多变。一问只有一答，一项任务只有一种努力的方向；且哪个问题先问，哪个问题后问，都做了"精确"的设计，和流水线操作没有两样。这样的设计，从客观上抑制了课堂"生成"的可能。因此，我们倡导"非线性"的"板块预设"。这种教学设计，内容是集中的，教学的流程，是分支式的，一问有多答，一项任务可能出现不同的努力方向和解决路径。这样的板块设计，就为精彩的生成提供了无限可能。

在《我盼春天的荠菜》一文的教学中，我只安排了四个板块：第一板块：建构话题，整体感知；第二板块：走进冬天，感受严酷；第三板块：走进春天，体验幸福；第四板块：走近作者，触摸尊严。整整80分钟没有多余的教学环节，从整体到部分再回归整体，由浅入深，层层推进。板块和板块之间的跨度非常大，每个板块都留足了充裕的时间。在实施的过程中，教师根据不同的学生以及学生的不同学习状况，随机调整，适时点化，让每一个板块都有可能成为动态生成的亮点。例如在《我盼春天的荠菜》第二板块推进的过程中，因为预设留足了生成的空间，呈现了这样值得回味的一幕：

教学片段1：

生：令我感受很深的句子还有"我并不是怕妈妈打我，而是怕看见她那双忧愁的眼睛"。虽然我不知道作者她的爸爸在哪里，但我想，假如她妈妈看见她这个样子，一定会很伤心。

师：（板书"忧愁"和"哀愁"）老师先告诉你，她的爸爸已经不跟她们在一起了，张洁很小的时候，她和母亲就被父亲无情地遗弃了。大家有没有留意到，刚才这个同学将课文中的一个词语不小心读成别的词语了？

生：将"哀愁"读成"忧愁"了。

师："哀愁"和"忧愁"一样吗？

生："哀愁"有"悲哀"而"忧愁"的意思。

师：是啊，那么母亲"哀"的是什么，"愁"的是什么呢？

生：妈妈会愁债主拿她去抵债，怕债主们去打她。

生：悲哀自己家里太穷了，不能让女儿好好地吃一顿饭。

生：怕那个地主兴师动众到她家里，问她母亲要张洁，或许问罪。

师：兴师问罪！孩子们，请你们仔细看看前文，小张洁是因为什么而落水？

生：因为她在地主家玉米地里掰玉米棒子，被他家的人发现了，跑着跑着就跳进了河里。

师：被地主家人当成了——（生接）——小偷！做母亲的不能养活自己的孩子，让孩子被人当成小偷！这是母亲最大的痛啊！这是母亲最大的悲哀啊！来，把这种感觉放进这段文字当中去，把这份"悲哀"的痛读出来！

119

这一教学片段，教师捕捉学生将"哀愁"误读成"忧愁"的契机，引导学生辨析"忧愁"和"哀愁"的细微差别，最后深究"哀愁"的原因，信手拈来，水到渠成。这样的生成，让这一板块的教学显得亮丽多姿，饱满酣畅。这一切皆因选取了适切的教学内容，进行"板块预设"。

第三，精简问题，以话题统领对话。

语文教学走向简约的第三个层面，当为方法层面。

从阅读教学的本质看，决定着阅读教学效率高低的决定性因素，是对话的有效性。"阅读教学，是教师、学生、文本对话的过程"。因此，语文教学要想显得简约而丰满，教师必须把握对话的本质，以话题统领对话。

当前的阅读教学，尽管和以往相比，有了很大的改进。但是依然问题多多，最主要的问题，还是"满堂灌"——以问代讲的"新满堂灌"。教学的主要流程基本上是以教师的问题串起来的——大问题套着小问题；学生课堂上的主要生活方式，是在猜测问题的答案。课堂上，他们与静思默想基本"无缘"，和潜心会文近乎"绝交"，有的，只是热闹、肤浅、无聊地回答老师的问题。而学生自己在学习过程中产生了什么问题，在学习过程中收获了什么，又是如何收获的，他们已经没有时间去静静思考。

课堂是个常数，一旦教师提问的时间多了，学生独立思考读书的时间必定减少。语文是一门实践性很强的学科，非常强调个体的实践。教师要引导学生亲近文本，做文本的知音，就必须留出整块时间给学生。时间怎么留？当从减少提问开始。窃以为，一节语文课，教师涉及课文内容的问题，一般不要超过6个。教师要尽可能紧扣教学主目标，让孩子们通过与文本的充分对话、自主感悟之后才能回答的问题。

在《我盼春天的荠菜》一文中，笔者提出的涉及内容的问题，少之又少。"感悟冬天"这个板块，更是以学生自主与文本对话，谈感受最深的词句为话题，引导学生亲近文本，聆听文本。"不提问题"，孩子们的理解反而走向深刻。

第四，精简手段，以朴素彰显高效。

走向简约的语文，第四个层面，涉及教学手段的选择。

当下的语文课，尤其是公开课，成了现代教育媒体的大展台。声、光、电齐上，图、文、像兼备。似乎不用现代化的设备，该教师就落后，这节语文课就陈旧。于是乎，我们的语文课就成了大杂烩，语文老师也被人讥为"肥了别人的田，荒了自己的园"。

其实，学习语文，应当充分遵循本民族语言的特点和学习规律。形象性，是中国汉语的一大特点，让孩子们以形象的方式去掌握母语，应该是我们的母语学习的基本规律。适当运用现代教育技术，的确能帮助学生学习语文。但是把握不好尺度，现代教育技术反而会阻碍学生学习语文，过度使用，甚至会封杀学生的想象，让他们的思维不再灵动，想象的翅膀被无情地折断。

"朴素是优雅的灵魂"。听于永正、支玉恒、贾志敏等老师的课，我们会发出一种"绚烂之极归于平淡"的感慨。他们的课堂，基本没有现代教育手段，只凭着一支粉笔一张嘴，就能让语文绚丽多彩、精彩纷呈。尤其让人钦佩的是，他们教学语言清新、质朴，没有华丽精致的辞藻，没有气势如虹的排比，但是学生却在他们的带动下充分地说，投入地读。正如刘铁芳教授所说："让学生动起来，却看不见教师过多自我的痕迹，课堂行云流水都是学生的云与水，而不是教师自身的流水。"这种一切从学生出发的课堂，是最美的。这种朴素之美，是真正的大美！

当然，丰满的语文课堂并不排斥现代教育技术。现代教育技术，"用在当用时""止于当止时"。语文，就是要以语文的方式去学习！只有这样，语文，才能闪亮"因朴素而优雅"的面孔，语文课也因此而显得更加简约。

简而丰：语文教学的应然追求（下）

三、在简约中抵达丰满

那么，如何在简约中追求丰满，让语文课堂充满着张力呢？除了上述说的四个"精简"之外，我们还要努力让教学的核心板块——亦即实现核心目标的教学板块，酣畅淋漓。

第一，沉潜与玩索，丰润语言蕴藉。

走向丰满的语文课堂，必定绕不开语文的根本——语言的学习。而词语，是语言的基本单位，对词语的学习、玩味，是语文教学走向丰满的最基础的领域。

词语是构成文章的基本单位，语文老师的一个重要职责，就是带领学生"沉入词语的感性世界"（李海林语），和学生一起"在汉语中出生入死"（王尧语），运用多种方法，走进词语的"五度空间"：触摸词语的温度，点染词语的亮度，开掘词语的深度，拓展词语的广度，提升词语的效度，让词语成为学生言语表现的鲜活元素。如此，才能说，我们的语文课堂，因着对词语的沉潜与玩索，逐渐走向丰满和润泽。

在词语教学中，我们经常见到教师脱离语境，就词解词的场景。这种单纯为解词而解词的做法，只能将词语教得缺乏温度。其实，当词语被作者当成抒发情感的工具的时候，每一个词语都是富有温度的。因此，在《我盼春天的荠菜》教学伊始，笔者运用情境再现法创生语境，让学生在语境中反复涵泳，进而用自己的心灵去触摸词语的温度。

教学片段2：

师：这篇课文当中，出现了一些我们平常也许没有听过，也许听过但是没有见过，也许见过但是没有吃过的东西：

屏幕出示词语：

嫩蔷薇枝　才开放的映山红

青豌豆　青枣　青玉米棒子

马齿苋　野葱　灰灰菜　荠菜

师：谁来读读这些词语？（随机正音）

师：读得挺棒的！大家发现没有，这些东西都是植物，而且是作者小时候吃过的植物。当张洁饥饿的时候，她会情不自禁地想起这些植物——

生：（齐读"嫩蔷薇枝……荠菜"等词语，声音里有一些感觉）

师：当张洁饥饿的时候，她能吃到的也只能是这些植物——

生：（接龙读这些词语，声音逐渐深沉）

师：饱尝饥饿的张洁，对这些植物，都有着一种特殊的感情。让我们和作者一起，深情地呼唤它们的名字——

生：（齐读这组词语，读得非常深情）

在这个教学片段中，词语不是单个出现的，而是整体呈现在学生面前。这些词语，都和作者张洁小时候的"饥饿"经历有关。可以说，"饿"是全文叙事的一个大语境。因此，在教学这组词语的时候，笔者通过三次语境的创设，引导孩子们去反复涵泳。这样一来，整组词语，就以它们独特的意象进入孩子的精神世界中。读着这些词语，孩子们脑海里浮现出来的，是小时候的张洁狼吞虎咽地吃这些植物的一幅幅鲜活的画面。

当词语幻化为鲜活的画面，就被赋予了情感的温度。课堂，也因之而润泽、丰满。当然，我们说让语言走向丰润，不仅仅是词语，一个标点，一个句子，一个段落，只要我们从语言学习的角度去切入，设计合宜的教学方法，让学生获得对语言的感性经验，让语言在孩子的内心世界丰润起来。

第二，冲突与融合，丰盈精神世界。

地球上地壳纵横运动与位移的交错，引发了火山的喷发；天空中带正电和负电的云层的相吸，产生了隆隆的雷鸣；大海里奔流的海水与静立山崖的撞击，形成了澎湃的波涛。可以说，冲突，是造成自然界奇观的一大原因。我们的课堂，是一个自组织开放系统，也是一个相对独立的世界，冲突同样存在于我们的课堂。丰满的课堂，应该是一个不回避冲突的地方。教师有时甚至可以主动挑起冲突，在冲突中达成"视野的融合"（伽达默尔语），让学生在这样的学习活动中，学会深入思考。若如此，孩子们的精神疆域也将逐渐走向丰盈。

教学片段3：

（第一课时开始时）

师：同学们，作者张洁有一个保持了多年的很特别的习惯：每年春暖花开的时候，她总是要挎着一只小篮子，带着全家人，到乡村田野去挖野菜，这种野菜就叫作荠菜。但是，对于母亲的这个习惯，儿女们一直不理解：现在生活富裕了，母亲为什么要每年都带他们去挖野菜呢？就让我们带着这个问题，走进《我盼春天的荠菜》。

……

（第二课时结束时）

师：同学们，学了《我盼春天的荠菜》这篇课文，了解了张洁的人生故事，我想，我们一定找到了上课刚开始时，老师提出的那个问题的答案。你一定深深地理解了，张洁每年带儿女去挖荠菜的良苦用心。假如，你就是作者的女儿或儿子，你能试着理解母亲的心吗？

屏幕出示：

妈妈：

我终于理解了您的良苦用心＿＿＿＿＿＿＿＿＿＿＿＿＿＿＿＿＿＿

＿＿＿＿＿＿＿＿＿＿＿＿＿＿＿＿＿＿＿＿＿＿＿＿＿＿＿＿＿＿＿＿

您的儿子（女儿）

师：让我们以张洁女儿或儿子的身份，试着理解母亲的良苦用心。请拿起笔，把你的理解写下来。

（学生写话，教师巡视，五位孩子的汇报略）

回味这篇课文教学的始终，我们不难发现：教学的"起点"是教师挑起学生的"认知冲突"并以此作为"问题"，引领教学一路前行，让学生在富于挑战的思维情境中，与课文充分对话；最终以学生体悟到的"人生的希望"作为教学"终点"，让学生的视野和作者的视野得以对接与融合，实现了语言和精神的同构共生。这样的语文课堂，因为有了冲突与融合，充满了思维的张力。

第三，留白与补白，丰满想象空间。

中国山水画讲究"留白"带给画面的丰富感，中国书法艺术中亦有"飞白"的技法，音乐更有"此时无声胜有声"的特殊效果。语文课堂也要讲究"留白"和"补白"。有时候，故意留下空白，给人以无穷的回味；有时候，填补文本的空白，让课堂因补白而充实。是谓"课堂之道，一张一弛"。留白和补白，让课堂更具节奏之美，张弛之美。语文课上，既要有学生竞相发言的热闹的场景，也要有学生凝神思索的宁静时刻。唯有如此，学生才会在与文本对话的过程中，逐渐丰满自己的想象空间，文本的意义，也拥有了无限的生成可能。

教学片段4：

师：夜色越来越浓重，小动物都已经回到妈妈的身边，但是女儿却久久没有回到家。母亲会在村口怎么焦急地呼唤？她又在担心些什么呢？……

师：又冷又饿、非常孤独地在田野里游荡的小女孩，听到了母亲声声的呼唤，她多么想，多么想对母亲说些什么呢？……请大家拿起笔，这四排同学写母亲想对女儿说的话，就接着这句话（大屏幕出示）"孩子，你怎么还不回家啊……"往下写；这四排同学，写作者此时此刻很想对妈妈说的话："妈妈，不是女儿不想回家啊……"接着往下写，开始！

生：（在低沉凄凉的音乐声中静静写话，教师巡视）

生：（读妈妈呼唤女儿的话）"孩子，你怎么还不回家啊，妈妈等你好长时间了，羊儿回家了，乌鸦回巢了，你也该回来了。妈妈在等你啊，孩子！"

师：这声声呼唤，小女孩都听到了，可是她不敢回答，她多想对妈妈说——

生：（读女儿想对母亲说的话）"妈妈，不是女儿不想回家，我被人追赶跳进水里，追赶我的那些人都是冷血动物。女儿因为太饿了，所以才去财主家的地里掰玉米棒子，放弃了自己的尊严，但是妈妈，请您相信，以后，我一定不会去干那些没有尊严的事情了……"（台下掌声）

师：多么心酸的话语啊，孩子，这样的话语妈妈没有听到，她只好一次又一次呼唤她女儿——（其他两组对话略）

整个对话过程中，师生情感真挚，泪光盈盈，他们已经完全走进了文本中。

126

这个教学片段，教师利用文本空白点，营造倾诉的情怀：让孩子们在动笔中积蓄情感，在交流中倾吐情感。母女间心灵深处的呼应产生了强烈的感染力，振聋发聩，催人泪下。它将苦难演化在每个孩子的心头，沁入了每个孩子的肺腑，让他们身临其境，沉浸其中。

因着这样的留白与补白，丰满了情感体验，丰满了想象空间。

第四，拓展与延伸，丰富情感体验。

我们说简单教语文，并不是排斥一切语文课本以外的东西。"逢课必拓展"的做法固然不值得提倡，但是我们也不反对适度的拓展。互文理论告诉我们，每一个文本都是其他文本的镜子，每一文本都是对其他文本的吸收与转化，它们相互参照，彼此牵连，形成一个潜力无限的开放网络，以此构成文本过去、现在、将来的巨大开放体系。再者，不同样式，不同意蕴的言语之间的勾兑和交互，多个文本话语之间的相互照应、穿插、印证，在开放式的言语环境中，为多重言语思维空间提供了良好的平台。这样的互文反哺，让文本的意蕴得以最大限度地提升，让学生拥有更为丰富而真切的情感体验。

《我盼春天的荠菜》教学的最后一个板块，教师深情朗读《走过人生的冬天》。该文着重介绍了张洁大学毕业后经历了虽辛勤笔耕却屡遭退稿以及相依为命的母亲永远地离她而去的严寒冬天，由于坚持不懈、勤奋写作，终于迎来了人生的春天：先后两次获得茅盾文学奖；一次获意大利马拉帕蒂国际文学奖。她的作品还被翻译成多种语言，在国内外享有很高的声誉。此后，让学生认识张洁不但走出大自然的冬天，而且走出了人生的冬天。

正如在现场听课的江苏海门的吴勇老师在后来的课评中指出："教师引入《走过人生的冬天》一文，给课文《我盼春天的荠菜》的理解提供了一个'过去'的背景，让学生的已有文本感悟'更上一层楼'：原来文中的'冬天'，是作者经历的苦难生活的一个缩影，作者盼望的'春天的荠

127

菜'，原来不仅仅是荠菜，更是人生中的希望呀！同时它给文本提供了一个'未来'的指向，将学生关于课文的体悟和精神更明晰地指向一个终点：那就是心怀春天，永葆希望。课文中的'春天的荠菜'是作者张洁精神的诗意'具象'，《走过人生的冬天》则是她'啄破'心灵外壳的直接铺陈，它们相互交融，形成一簇明亮的灯火，永远立在每个学生的心灵彼岸，导引着他们人生的航程劈波斩浪，越走越远！"这样的拓展与反哺，让课堂富于蕴藉的哲学意味和独特的文化张力，整个课堂因之被赋予更多的人文内涵。学生也在这丰富而真实的情感体验中，获得学习的快乐。

总之，"简约，并不简单"。简约，是丰满的基础和前提，语文教学只有先做减法，才会让课堂魅力有加；简约，是抵达丰满的必由路径，语文教学只有删繁就简，才会让课堂走向丰盈。

大道至简，真水无香；简约语文，丰满境界；虽不能至，心向往之。

别让"套路"毁掉语文

1

今天，在朋友圈读到"泺伊悦尔"老师写的一篇小文——

语文课，老师常这样问学生："通过读文，你发现了什么？或者，感觉到了什么？"

无论学生怎样反馈。紧接着，老师必会以"哪些句子能证明你的观点"来追问，得让学生说说看，说到"点"上来。

光说，还不是目的，更重要的是再三嘱咐学生，强调：说话要用上某一固定句式，以示"规范"。

盲目地追求，一种所谓有板有眼，有腔有调的样儿。

不知从哪儿始，一股"说话完整风"席卷天下，于是乎，全校各科课堂无死角，皆被"规范"啦，但凡学生要张嘴回答都需得开启"老师，我的答案是……"模式。

而后，有些聪明的老师，想更胜一筹，再攀高峰，发掘并琢磨起不知为何物的"主体意识"来，好一番研究改革，修铸出"同学们，请听我说……"的新套路。

直接举例吧。

关于《安塞腰鼓》一课的赏析评议中，王荣生教授就不止一次提及，A 老师的课堂实录。有一处就说起，该老师华丽丽地给学生示范回答问题的说法："'观众的心也蓦然变成牛皮鼓面了'，一句运用比喻造成夸张，将人的心脏说成'牛皮鼓面'那样大，而且还隆隆作响，极写沉重鼓声的惊天动地，引起人们心灵上的强烈共鸣。"

这种答法，我怎么读都甚觉拗口，无趣得很。

王荣生教授评述："大概是教参上抄的吧？或者考试题目做习惯了？毫无生命的气息，毫无感觉的灵动，陈词滥调，而且莫名其妙……"

……

2

我为这位年轻教师敏锐的反思意识点赞！

的确，当下的语文，"套路化"有愈演愈烈的趋势。

凡事有果必有因。学生在语文课堂上的"套路化"，其根本原因，是教师教学思维的"套路化"。

这些年，听了很多公开课。发现公开课的套路，确实越来越深。几乎不用思考，随手就可以举出一堆：

——揭示课题，板书课题后，必定有些老师会问："看到这个课题，你脑子里产生了哪些问题？"于是学生七嘴八舌地提出了一堆所谓"问题"。

（事实上，学生老早预习过课文了，所提出来的问题，完全是为了迎合老师的需要而提。提问，原是虚晃一枪！）

——导入新课后，教师必定说："请同学们大声朗读课文，把生字读准，把句子读通，难读的地方停下来反复读，并且想一想这篇课文的主要内容。"

（至于，学生是否"把句子读通，难读的地方停下来"，是否"想一想课文的主要内容"，教者往往并无过程的监控、方法的指导和结果的检查。）

——自读课文后，有些教师必定说："好，这篇课文有很多生字，请大家一起来读，看看你认识哪些生字宝宝。"于是，一个字一个字地教，一个字一个字地分析。学生采用"加一加""减一减""换偏旁""编字谜"等方法，"记住了"每个字。象征性地写一两个字，下课铃响了。

（至于，这么孤零零地认字，是否学生真的就记住了、理解了、学会了？不得而知！随文识字、分类识字、（适度的）字理识字，你们在哪里？）

——教学生字后，教师接着问"这篇课文主要写了什么？"写景、状物、写人这样问；小说、散文，这样问；中年级、高年级，这样问；精读课文、略读课文，也这样问……

（为何不同年段、不同文体、不同文本，都这般问？……）

——讲读课文，讲到文本空白处，突然响起一段动情的音乐，一番动人的导语，孩子们开始在教师的引导下，写起话来。写话完毕，音乐继续，师生在音乐中，动情地诉说……

（空白固然可补，追问更重要。其实，教师恰恰最需要追问的是：为什么这空白之处，作者不展开书写？留白之处，常是匠心所在。但是，老师往往只注意让学生补白，却忘记了追问为什么"留白"。"珠"和"椟"之间的关系，常常就这样被搞反了……）

——当下，不少80后、90后教师上课，"微课"已经成为新的"套路"。难写的字，"微"一下，通过动画展示笔画笔顺；难掌握的知识点，"微"一下，通过动画或音频，讲解知识难点；难讲解的画面，"微"一下，通过视频再现课文场景……语文公开课，进入"无微不至"的新套路……

（我真不知道，这些精美的微课，得花多少时间去做；难道，语文真到了无"微"不至的时代吗？……）

"套路玩得深，谁把谁当真"（《套路》歌词，陈柯宇词唱）。"套路"太深的语文课，让本该充满魅力的语文课，变得面目可憎。若每篇课文这么教，教师教得没激情，学生学得没意思。语文，必将逐渐成为鸡肋。

3

"套路"太深的语文课，究其原因，可能有以下几个方面：

一是公开课的导向。高潮处配乐写话等环节，往往能制造"效果"。于是，不少一线教师误以为，这就是语文课的最高境界，于是下意识地进行简单的模仿，且愈演愈烈。

二是教研员的规定。不少教研员在大会小会上规定，每节语文课，必须要有十分钟写的时间。于是，一线教师为了执行教研员的意图，不得不把"写"挤进课堂。

三是创新思维不足。拿到一篇课文，没有深入钻研，发现不了"这一类"或"这一个"文本的独当之任，因袭传统，亦步亦趋。

四是各类赛课助推。各类大大小小的赛课，往往有基本的评课标准。上课者，往往揣摩评委的胃口，于是，大同小异的课，如雨后春笋。

五是考评制度制约。试卷，往往起着指挥棒的作用。怎么出题，怎么教书。于是，一线教师日常教学，常常是从应试出发，踩着"考点"教学，课，也就模式化了。

一句话，"套路"的背后，是形式主义！

4

如何走出语文教学"套路太深"的误区？

我以为，关键还是在于语文教师自身。语文教师专业功底扎实，有自己独特的想法，就不容易盲目跟风。

首先，语文老师要有思考的大脑，能透过表象看本质。要善于分辨，公开课上的哪些环节，是扎实有效且可以迁移运用的，哪些环节是为了让课堂好看实际并无价值的。如何分辨？关键是站在学生的角度看课，而不是观众的角度看课。站在每个儿童的角度看课，看到的，往往和站在教师角度看到的不一样。

其次，语文老师要有独到的眼光，学会发现文本。每一个文本，都有其独特的价值，教师要善于聆听文本，发现"这一类"文本的普遍规律，发现"这一个"文本的独特个性，根据文体和文本，精心设计适合这一课的教学，而非千课一面。如何发现文本？一要大量广博阅读文学作品，二要善于分析优秀公开课。支玉恒老师的课，之所以常读常新，就在于他发现了每篇文章的独特之处，进而有截然不同的精彩演绎。一线教师，要透过实录去揣摩设计意图，提炼设计智慧。多听多看有创意的课，也许能提升自己的教学设计力。

第三，语文老师要有求新的思维，学会创意设计。教师要本能地警惕套路，要常常听自己的课，深入反思自己的教学，要善于发现教学的哪些环节，一不小心掉进套路的陷阱，进而不断求变求新。教师要跳出自我舒适区，把自己当别人，用挑剔的眼光看自己的课，就会发现习焉不察的问题。（包括我自己的课，也会有"套路"，为了尽量避免重复自己，经常请朋友们帮我诊断，就是为了避免"套路太深"。）

第四，分清"规律"与"套路"的界限，学会守正出新。不要一提创新，就否定一切。语文教学中的有些原则，经过长期检验行之有效的，就要不折不扣执行。比如"读写结合"这一教学原则，就要坚守，不要一提"去套路化"，就否定课堂上的一切写的活动。其实，写本身没有错，错的是套路化的"随文练写"。写生字、抄词语、抄句子、填表格、画导图，都是写；课始写、课中写、课末写，亦是写；哪怕是补白式的随堂练笔（有些，也确实需要配乐烘托），只要有价值，也是需要的。包括低年级的写生字（套路化的教学，必定是快下课时五分钟，让学生写字），事实上，不同教学环节，都是可以安排写字环节的。不要因为害怕套路，而丢掉语文之道。

当然，教研员在指导教师的过程中，也不要机械地执行"每节课必须有十分钟动笔时间"的规定。这"十分钟"，可能是对于"君子动口不动手"课堂的一种矫枉过正。其实，"十分钟"应该是课堂花在写上的平均时间，而不是每节课的必须时间。只要教师在总体上落实动笔时间即可，没有必要刻板执行。

热衷于组织大赛的各级部门，要多一些真正的研究精神，倡导百花齐放百家争鸣，少一些模型化的所谓"标准"。一旦标准化，常常"格式化"。

经常讲公开课的教师，更要多从学习规律的探索上设计教学，少一些为了所谓的"效果""笑果"展示花拳绣腿，误导一线教师。

语文，本是一门充满魅力的学科，千万别让太深的"套路"毁掉语文。呵呵，"套路玩得深，谁把谁当真"！

语文课堂，要翻转的究竟是什么

时下，"翻转课堂""微课""慕课"等新名词，快速蹿升为教育界的热词。"翻转"，也成了新锐与创新的代名词。于是，我们看到，很多教研活动中，老师们纷纷效仿：课前录制一个微课，通过网络工具传给学生，让学生在家自学；课堂上，教师先组织学生汇报，说说从这个微课中学到了什么。然后，教学沿着原来的套路进行下去。教师讲解，学生跟着老师的问题，亦步亦趋地分析文本。这样"旧瓶装新酒"的"翻转课堂"，形式上课堂是得到了"翻转"，但其本质，仍然是教师牵着学生走，是一种新的"满堂灌"，弄不好还无谓地加重师生的负担。为了让大家对"翻转课堂"认识清晰，我们有必要将其与"传统课堂"进行对比（如下表）。

	传统课堂	翻转课堂
教学内容	侧重于知识、技能的讲解和传授。	侧重于对在知识、技能习得过程中产生的问题的探究。
教学方式	主要是"课堂讲解+课后作业"，即教师在课堂上传授知识、技能，学生在课外通过做作业感悟巩固。	主要是"课前学习+课堂研究"，即学生在课前完成新知识、新技能的基本习得，在课堂上通过研究完成新知识、新技能的悟得和内化。

"翻转课堂"是从西方引进的概念和模式。我们无法全盘照抄，但可以学用其理念，以革除常态课堂的痼疾。那么，"翻转课堂"理念下的常

态语文课堂，需要翻转的，究竟是什么呢？

一、翻转师生关系：教服务学，而不是学服从教

当代哲学家马丁·布伯认为，师生关系可以表述为"我—它"关系和"我—你"关系。"我—它"关系不是真正的关系，因为"它"（客体）只是"我"（主体）认识利用的对象。而在"我—你"关系中，师生才处于平等地位。"我"（教师）不是把"它"（学生）当作控制的对象，而是当作可以对话、交往、亲近的"你"。翻转课堂理念下的常态语文课，教师要始终明确自己的角色定位，亦即教师是为了帮助学生去学，而不是让学生服务于自己的教学设计。教师要千方百计为学生创设言语实践的平台，提供表达阅读思考、分享阅读经验的机会，让学生在课堂上成为熠熠闪光的明星。学生在学习的过程中有了困难、疑惑或挫折，教师要注意到并及时组织学生解决，或适时质疑，或提供文本，帮助学生克服学习挫折，点燃求知欲望。

如我在教学《穷人》时，为了让学生自读课文后与大家分享"从哪些地方读到了穷人的'穷'"，我让学生请一个同学到讲台上来当小老师主持课堂，进行对话：

小老师：请问同学们，大家从哪里读出来了"穷"？请这位同学来回答一下。

生：我从第二段的第三句看出他们很穷。课文说："丈夫不顾惜身体，冒着寒冷的风暴出去打鱼。她自己从早到晚地干活，还只能勉强填饱肚子。"他们很辛苦，也只能勉强维持生活。

小老师：还有补充吗？

生：课文中说"不论冬夏都光着脚跑来跑去"，"光着脚"说明他

们连买鞋子的钱都没有，而且吃的是"黑面包"。我从课外了解到，黑面包不像白面包那样很软很好吃，是很硬的，没有水的话，根本吃不下去的。而且说"菜只有鱼"，渔夫天天去打鱼，因为没钱买菜，只能吃鱼，从这里也能看出他们很穷。

师：老师，我想抢话筒！有鱼的生活还穷吗？我家餐桌上经常见不到鱼。

小老师：课文中说"只有"，说明只能吃鱼，没有其他的菜，天天都得吃鱼。

师：哦，每天都吃鱼，可能吃得都要吐了，而且只能吃那些卖不出去的小鱼，是不是？我想请教小老师，课文第一段说"冒着寒冷的风暴出去打鱼"，我觉得可能是偶尔出去的吧？

小老师：谁来解答这位"同学"的问题？（生笑）

……

师：老师，我有意见！环境恶劣难道跟穷没有关系吗？

小老师：当然有关系啦！张祖庆同学啊（生笑），我没有说这个跟穷没有关系，我希望他能理解得更深一点。

在这样的课堂上，师生完全成了平等交往的"我—你"关系。师生互为学生、互为教师，气氛融洽、其乐融融。这种师生间的偶尔换位，体现了真正平等、民主的师生关系。只有平等，才能打破师生之间的心理防线，"小老师"才会在大庭广众之下大胆地喊出"张祖庆同学"。这样的师生换位，不仅仅是一种教学方式变革，更是教学伦理的理性回归。在这样的教学伦理中，教师唤醒了学生的主体意识，鼓励学生求真、求异，师生在交往中分享彼此的思考、经验、知识与智慧，既丰富了教学内容，"产出"了新的知识，又培养了学生独立思考能力。

然而在不少语文课上，尤其是公开课，课堂主角始终是教师。教师俨然是渔人，学生成了可怜的鸬鹚。教师提问，犹如渔人下篙。渔人一下篙，孩子们纷纷到"水"中找"鱼"——"鱼"被很快找到，然后，学生把渔人需要的"鱼"纷纷吐出来。表面上看，课堂热热闹闹；深究起来，便会悲哀地发现：教师要问的问题，未必是孩子们真正需要解决的，且孩子们在三五秒中便能回答的问题，也不是真正的好问题、真问题。孩子们在课堂上，无非是一次又一次地跳入渔人指定的"水域"，跳下去，跳上来，"嘴"到擒来，周而复始。这跳上、跳下只是一种熟能生巧，和真正的技能无关。

我们的课堂，需要这样的"翻转"：孩子们不再是等待渔人下篙的鸬鹚，而是亲历"自主探究——自主提问——二次探究——自主展示"的全过程。教师，不再是渔人，而是学习伙伴和组织者、激励者。

二、翻转教学顺序：先学后教，而不是先教后学

建构主义认为，学习的过程应是学习者主动地建构意义的过程，即根据自己的经验背景，对外部信息进行主动的选择、加工和处理，从而获得自己的意义。语文课堂更是如此。语文课是母语课，学生学习母语，并不是从零开始。尤其是白话文，学生能够依赖于生活经验和工具书大致读懂。我们的语文教学，要从学生自主探索的基础上展开，让学生自己认识字词、理解内容、发现问题。教师要在学生预先学习的基础上，把握起点，梳理问题，设疑导学。

反观我们的课堂，很多教师仍然把学生定位为零起点实施教学。教学每一篇文本，都是按着"揭示课题、自读课文、教学字词、整体感知、分析文本、做做练习"的套路进行。日复一日、年复一年地做着同样的事，根本没有关注学生已经知道了哪些，更谈不上去思考学生需要怎样的帮助。

《为中华之崛起而读书》这篇课文写的是：少年周恩来耳闻目睹了中国人在外国租界里受洋人欺凌却无处说理的情景，深刻体会到伯父说的"中华不振"的含义。可以这样说，"租界"就像一枚不期而遇的炸弹，强烈地震撼了少年周恩来的内心，促进了他对社会、对人生的深刻思考，从而立下"为中华之崛起而读书"的志向。因文本中的时代和人物离现在的学生有一定的距离，体悟周恩来对"中华不振"的思考，理解并感受周恩来立志的思想与情感是学生学习的难点。

为了更直观地剖析，我在这里引用两位老师执教《为中华之崛起而读书》的片段，来阐释"先学后教"与"先教后学"产生的不同教学效果（其中翻转课堂理念下的教学方式，执教者为我工作室的成员韩梅波老师）。

教学任务	深刻理解"租界"词义，并感悟周恩来立志的原因及情感	
教学指向	阅读主旨的深层感悟	
教学形态	翻转课堂	传统课堂
教学方式	蛛网式建构	单向式生成
教学过程	课前学习 1. 自读教师提供的关于"租界"的材料，并通过电影片段以及网络搜索，思考：关于"租界"你知道了什么，并和父母讨论交流。 2. 默读课文第八自然段，画出最让你感到无法接受的内容。试结合你所了解到的相关信息在边上作批注。 课堂学习 1. 自学反馈 2. 教学跟进	课堂学习 1. 教师讲解"租界"的相关内容。 2. 让学生默读课文第八自然段，把最让你感到无法接受的内容画出来并在边上作批注。 课后学习 把对"租界"的理解、学习课文后的感受与父母交流。

学情观察	1. "自学反馈"显示：大部分学生能抓住材料中的核心词"强迫"来理解"租界"；小部分学生能结合父母的告知或自己上网查到的资料进行拓展性理解。学生都画出了无法接受的内容并作批注，且能根据所获信息的不同做出多样的理解。 2. "课堂跟进"中，学生通过集体深入交流对"租界"的理解，理解了周恩来立志的原因；通过教师课堂上提供的"租界里发生的事"的材料，体悟到了周恩来立志的情感。	1. "课堂学习"中，学生能画出"无法接受的内容"并作批注，但理解较为单一，缺乏拓展性理解。 2. "课后学习"显示：大部分学生与父母的交流仅仅是为了完成作业，交流流于形式。

　　比较两个教学片段，我们不难发现，两个教学片段效果之差异的关键点，就在于教师呈现学习资源的方式。"租界"这个概念对学生来讲比较陌生，"租界里发生的事"对学生来说匪夷所思，因此，学生需要借助丰富的资源来突破学习的难点。在"翻转课堂"的实践中，指向"引发阅读主旨深层感悟"的"源"分别是：课前教师提供的关于"租界"的学习资料、学生与父母交流过程中获得的信息、学生查阅资料获得的信息、生生交流过程中彼此提供的信息、教师教学跟进引领时提供的材料。这些"源"呈蛛网状，紧紧围绕"租界"从多种角度、多个层面逐步推进，缩小了学生与文本的"时空差"，实现了阅读教学难点的突破。而"传统课堂"中，学生的学习较被动，外在信息较为单一，单向式生成的仅是对阅读主旨的理解，而非"深层感悟"。

　　建立在学情把握基础上的"教"，不仅轻松，而且有效。教师可以通过梳理文本内容并将其与学情对接，寻找教学可切入的多个"源头"，先学后教，不断延展，不断建构，终使学生在学习和自主建构的阅读过程中豁然开朗。

三、翻转学习方式：激活思维，而不是束缚大脑

越来越多的课程专家和一线教师意识到，课程改革的核心是"由重教向重学转变"，构建"探究合作学习"的新模式。然而，当下的语文课堂中，"教重于学"仍然大行其道，新型学习模式更多地停留在理念上。而翻转课堂的一个重要维度是"翻转学习方式"，即教师努力创设"探究合作学习"的情境，不断激活学习主体的思维，让学生的大脑得到最大限度的解放，在合作学习的过程中体验发现知识的快乐。如我开发的《头脑风暴与创意写作》课堂。"头脑风暴"是由美国创造学家亚历克斯·奥斯本于1939年首次提出，1953年正式发表的一种激发创造性思维的方法，又称智力激励法。经各国创造学研究者的实践和发展，头脑风暴至今已形成了一个发明技法群，如奥斯本智力激励法、默写式智力激励法、卡片式智力激励法等。这些发明技法的共同特征，就是一个群体在一种既紧张又活泼的心理氛围作用下，借助于高强度的思考，通过灵感激发与碰撞，各种奇思妙想纷纷涌现。

在《头脑风暴与创意写作》课堂上，我先提出"头脑风暴"的概念——围绕同一个话题，你说你的，我说我的，彼此不否定，不断地有创意灵感涌出来。之后，我播放一段奥斯卡获奖动画视频（大意：一条蚯蚓在黑暗中找到了自己的伙伴，结伴而行，突破障碍，来到光明的世界。可没料想一只大鸟从天而降，吃掉了另一条蚯蚓，蚯蚓很快变成一坨粪便。幸存的蚯蚓在大鸟的袭击下四处逃窜……），不提供结尾，让学生根据线索，发挥想象，设计一个让人意想不到又能自圆其说的结尾。于是，就有了以下对话：

师： 头脑风暴，现在开始！我们每个同学都是编导，根据故事线索你会设计怎样的结局呢？大胆地亮出你的创意。

　　生： 我的创意是：那一坨便便里那条被吃了的蚯蚓又钻出来了，因为那只鸟吃得太快了，没有来得及消化，蚯蚓本身就有再生的功能，另一条蚯蚓哭的时候，它就把头钻了出来，告诉蚯蚓：哈哈，我还没死。

　　师： 请你把"复活"两个字写在黑板上。

　　生： 那条蚯蚓为了给同伴报仇，去找那只大鸟，那几只昆虫也一起帮它。后来鸟被激怒了，跑去吃那条蚯蚓，结果被便便滑倒了。昆虫很饿，最后把蚯蚓吃掉了。

　　师： 你这是个复仇版本的故事，请把"复仇"写到黑板上去。

　　生： 那条蚯蚓发现它的同伴死了之后非常生气，决定制服那只大鸟，这时它想到：大鸟的身体比我大几百倍，必须找朋友联手才行。于是，它找到了蜗牛，和蜗牛联手对付那只大鸟，大鸟一口就将蚯蚓吞了下去。但是，蚯蚓在大鸟的肠道里找了一个地方躲了起来，还在大鸟的身体里乱蹦乱跳，折腾得大鸟寝食难安，只好把蚯蚓吐了出来。最终，大鸟被蚯蚓这种不屈不挠的精神折服，成为蚯蚓和蜗牛的好朋友。

　　生： 一群昆虫飞了过来，大鸟一看：哇！这么多昆虫，还是不要吃蚯蚓了，把他们都给吞了。于是，大鸟拍拍翅膀，把飞过来的昆虫吞进了肚子。然后，那些昆虫家族的所有成员都飞了出来为自己的兄弟报仇，把大鸟征服了。

　　生： 另一条蚯蚓对着鸟的排泄物伤心欲绝。而大鸟看见了那群飞来的昆虫，想吃昆虫又不想放过这条蚯蚓，就先吃了蚯蚓再吃昆虫。蚯蚓被吃进鸟的肠胃里，发现它的朋友——另一条蚯蚓。他们在肠胃里重逢后用一系列的方式逼大鸟把他们吐出来，重新快乐地生活在一起。

　　我让所有发言的同学在黑板上写下故事版本的词语，然后小结：
这是刚才我们头脑风暴的成果，有复活版本的，有战争版本的，有复
仇版的，有智斗被征服版的，有在现实生活中快乐重逢的，有在天堂
中重逢的。

　　上文引述的《头脑风暴与创意写作》教学片段中，我让学生围绕着他
们感兴趣的动画片段"创编一个富有创意而又能自圆其说的结尾"。要想
完成这个任务，他们势必要根据动画片的线索快速构思，因为没有任何内
容或形式上的限制，学生就会有各种奇特的想法，且没有一个孩子是重复
的。这种脑力活动最有价值的地方在于能够激发学生持续不断的创造意
念，鼓励他们大胆地将个人的意见和想法清楚、明确地表述出来。这种智
力激励方法，尤其是在引导写作思路时，能起到事半功倍的奇效。

　　这种教学方法，不是教师灌输给学生各种知识，而是学习主体之间围
绕着"创意结局"这个课堂主旋律，发出自己的声音。教师需要做的，就
是不断地鼓励孩子大胆构思创意、进行想象。这一过程，最大限度地激活
了儿童的创新思维，各种创意纷至沓来，让人叫绝。

　　翻转课堂，要翻转的是师生关系、学教顺序、学习方式，而不是形
式。否则，语文教学将走入新的形式主义泥沼。

中国语文岂能一张脸

在一次全国语文教学观摩会上，王春燕老师执教的《猴王出世》，以独特的设计和精彩的演绎，引起了大家的瞩目和争鸣。活动结束后，此课在网络上备受关注。不少听课的老师认为，此课一扫观摩现场的沉闷空气，让人眼前一亮；也有一些评委和网友认为，此课将略读课文当作精读课文来教，背离了本次观摩的规则。总之，争议之声不绝于耳。

争鸣，从来不是一件坏事，借此，我们可以比较深入地思索一些问题。

一、《猴王出世》的创新价值

在我看来，在"得意忘言"阅读教学模式继续流行的今天，《猴王出世》这一力图既"得意"又"得言"的可贵探索，无疑是本届观摩会的一抹亮色。

当时在听课现场，看着王老师和孩子们共同演绎的精彩课堂，我和不少听课者一样，心头一阵惊喜！多少年了，我们一直在呼唤"课文内容理解与言语形式揣摩高度融合"的阅读课。然而，多少年来，我们的大部分阅读课，一直在走内容分析的老路。教师所提的问题，大部分都在围绕着内容做文章。教师所采取的教学策略，走的大多是"内容——意义"的套路。很少从"形式"入手，探究"内容"是如何承载或表达"意义"的——这是典型的"得意忘言"。正如小语专家柯孔标老师所言："语文教学，如果放弃了语言学习，无异于慢性自杀！"

是的，语文课很重要的一个维度，是引领学生揣摩课文是如何表达的。王荣生教授在《"新课标"与语文教学内容》一书中指出："运用语言的过程包含两个层次：语言意义的层次和语言形式的层次。我们运用语言形式形成语言意义。语言意义是运用语言目的的所在。语言形式则是形成意义的手段。"语文课上，如果没有了研究如何表达，而仅仅局限于意义的获得，那么语文课就不再是语文课。因为很多课，都可以在文本中获得意义。读历史故事，可以获得意义；看《中国国家地理》，可以获得意义；上科学课，也可以获得意义。如果仅仅将意义获得作为语文课的终极目标，那么，我们的课便钻进了内容理解的死胡同。长此以往，必将模糊了语文的面影，耗费了宝贵的时光。这也许是长期以来，我们的语文高耗而低效的重要原因。

而今天，在这样全国性的观摩课上，王春燕老师将此课的着力点放在"言语形式探究与课文内容理解"上。教者带领孩子们研究语言，品味语言，感受经典名著的语言魅力。可以说，这是一次认识上的可喜飞跃，又是一种课堂范式的大胆探索，更是一份值得好好总结的实践智慧。

细读课堂用语，不难看出王老师的苦心孤诣。"把目光聚焦在语言文字上，从怎么写的角度你发现了什么秘密？""看看，写石猴的遣词造句上有很多秘密，谁发现了？""我建议大家读读猴子的语言，谁再来读？""我们心中都有了自己的猴王形象，不只是一只猴子，更像一个人。走进《西游记》，你会感觉到他是一个神，喜欢这样的猴王不需要理由，这就是经典的魅力。""语言的珍珠随处可见，请同学们再读一读。""我想上了这节课，大家一定发现了，读经典一定要注意写什么，还要注意是怎么写的。'写什么'人人看得见，'怎么写'对于大多数人却是个秘密。"

王老师时时处处不忘引领孩子们"在汉语中出生入死"（语言学家王尧语），通过朗读，通过想象，通过批注，反复玩味语言。教师引导学生

"知其然"——理解意义，更重视引领学生"知其所以然"——体会意义是如何表达的。课堂上，师生快乐地徜徉于古典白话文的殿堂，孩子们在学故事，更是在饮一杯语言的琼浆。

有听课教师质疑，像《西游记》这样的古白话文，和现在的语言表达习惯已经有了很大的区别，教师有无必要花大力气去"死抠"语言？

其实，这恰恰是不少教师认识不到位之处。中国的汉字承载了最为深邃智慧的思想，一个字学通了就可以懂一种理，所以，用这样的理念去教汉字，教词语，我们便接通了传统文化的源泉，无形中，语文教师便也在向学生传递对古典文化以及语言文字的热爱。《诗经》和唐诗宋词里的语言，离孩子们的生活更遥远了，我们还要不要引导孩子们细细品味呢？我想答案不言而喻。既然如此，作为中国四大名著之一，且孩子们最为喜闻乐见的《西游记》，引导孩子们关注品味其语言，让孩子们感悟经典的魅力，进而激发阅读经典的热忱，这怎么会"没有必要呢"？什么叫传统？什么叫传统文化？如何引导孩子感受传统文化？作为语文教师，首先想到的是语言。作为语文学科，首先想到的是利用语言。世上还有比语言更重要的文化现象和文化载体吗？没有了。

细读教学实录，尤为可贵的是，王老师不是一股脑儿将自己对文本的解读告诉孩子们，而是引导孩子们自己去破译语言的密码，引领孩子们走进文本的精深隐秘处，认真爬梳，细细玩索，穿行在串串闪光的语言珍珠里，发现着文本的"秘妙"（潘新和语）。

在我看来，此课最让人激赏的是，教师在教学过程中，对高年级孩子渗透了重要的学习策略——"文本细读"。文本细读，其实不仅仅是教师的备课姿态，同样是孩子们的阅读姿态。君不见，我们的语文课上，教师总是在提问和等待学生回答中度过宝贵的四十分钟时光，课文内容分析完了，教师的使命便宣告结束。而真正的阅读能力的培养、阅读策略的传授，却被教师忘个精光。对于文本，尤其是经典的文本，细读，是一种姿态；细读，更是一种策略。只有细细地读，才会读到独特之处。我相信，在现场听过课的老师，一定会为王春燕老师发现的文本中藏着大量猴子言语的独特之处（如"我进去！我进去！"）叫好！这一语言现象的发现，是王老师建立在文本细读的基础之上的。课堂上，教师让孩子们去寻找这一独特的语言现象，并引导孩子们去思考。玩索，这不是最好的细读示范和策略传授吗？当下的很多阅读课，文本细读严重缺位。很多老师对如何通过适当的学习情景的创设，让孩子们静心与文本对话，缺少思考，缺少策略。课标指出，"阅读是学生、教师、文本对话的过程"。对话是否高效，首先建立在学生与文本对话的基础上，设若学生还没有真正开始与文本对话，课堂对话的质量只能是肤浅的、低效的，乃至无聊的。

反观《猴王出世》，教师正是通过《猴王出世》这个文本，渗透文本细读的策略。我认为，阅读课上，策略永远比内容本身更重要。

概而言之，王老师紧扣文本特点，带领孩子们徜徉语言间，发现语言的密码，感受语言的美丽，让孩子们"在语言文字中走个来回"。这是《猴王出世》一课最大的创意价值所在！

二、在创新和缺憾之间

听课之初，我和不少听课老师的眼睛，被《猴王出世》精彩的设计和出色演绎所包裹，来不及细细地反思这节课的"缺憾"所在。其实，所有的课，从不同的角度看，都是有缺憾的。不完美，才是真实的课！正如季羡林先生说的"不完美就是人生"一样。细细研究这一课的实录，我认为《猴王出世》的缺憾，集中在这几个方面：

1. 将"略读课文"上成"精读课文"

《猴王出世》这个文本，在人教版教材中是属于"略读课文"。王春燕老师所呈现的课堂，被一些老师解读成"精读课文"的教法。那么，这节课，是否就像有些人说的那样"略读课文精读化"？我们还是回到课的本身中来。细读此课，设计者在教学预案中的阐述，再对照课堂演绎，似乎不能完全将此课定位为"略读课文精读化"。请看王春燕老师在教学设计中的理念表述：

"在阅读方法方面，继续加强精读和略读能力的培养，同时提出了浏览能力的习得。"

作为略读课文的近代白话文小说，教学中要充分发挥学生的主体性，引导学生抓住文前的"阅读提示"，自主了解课文主要内容。不理解的词句，可以结合注释，或略作讲解，但不逐字逐句地解释。

同时，她在教学目标的阐述中，也提道：

"用精读、略读、跳读、浏览等多种学习方法，品味语言文字，感受石猴形象，领略经典名著的魅力。"

从文本的解读、设计定位以及教学目标来审视，我认为教者还是有清醒的认识的。首先，她关注到了这是篇略读课文。由于课文是一篇有一定难度的古白话文，所以在处理的时候，教者关注了"在阅读方法方面，继续加强精读和略读能力的培养，同时提出了浏览能力的习得"。这样的清醒认识，决定了她的教学演绎。所以，将此课上成了"介于略读课文和精读课文"之间的一种样态，这种课的样态，不妨用这样的语言来表述，"整体框架，是略读课文的教学框架；但是在推进过程的个别细节上，又具有精读课文的某些特质"。我认为，这是王老师基于略读课文教学要求和《猴王出世》这一有一定难度的文本的策略上的选择。

细看整个教学过程，不难发现，教者让孩子们经历自主探究的过程，让孩子们圈圈画画，揣摩重点。又鉴于本篇课文篇幅较长，教者只选了两个"点"和学生一起深入研究。教师试图用"以点带面"的策略，精讲部分精华，将更多发现的权利和空间，留给孩子们，让孩子们"课内习得方法"，"课外迁移运用"（崔峦语）。

148

当然，在呈现样式上，如果教师更放手一些，那么就不会被人诟病为"略读课文精读化"了。

2. 朗读指导技术化倾向

细看实录，确实发现朗读指导有比较重的技术化倾向。如果教师换一种引导策略：比如，谁来读读这段文字，读着读着，你脑子里冒出了哪些猴子活动的画面？来，通过你的朗读，让这只猴子在我们眼前跳起来？（而不是让孩子们一味读得"快一点，跳跃一点"！）正如小语界前辈钱正权老师指出："有感情地朗读课文是学生阅读的一种高峰体验。如同登山，一步一陟，才能登临险峰观赏到奇丽的景色。孤立地指导有感情朗读，或者蜻蜓点水式感知课文，游离课文语言文字，游离课文形象，学生少有真情实感，用一种矫情虚情来朗读，是有悖指导朗读的规律和目的的。"应当说，当下的很多阅读课，感情朗读指导都存在"孤立指导、矫情朗读"的倾向。

3. 教师牵引过多，学生自主探究的空间不够

这节课，从整体看来，确实存在教师牵引比较严重的现象。在简单地理解课文内容后，教师布置孩子们去研究语言。但是我们看到，在组织交流的时候，教师来不及等孩子们充分汇报，就急于将学生的思路牵引到自己预设的两个点上来，进而按着自己的教学设计，层层推演。导致课堂的开放性不够，控制得过于严密。我想，如果能花个三五分钟，让孩子们先放开来谈，谈得稍微充分一点，然后聚焦到教师预设的点上来。那么，"缺憾"也许就不会这样显眼了！这也警示我们，语文课堂上，我们要给孩子们留下适度的空间，尤其是自得自悟的空间和时间。让他们经历发现的过程，让他们在阅读的过程中学会阅读。

上述三方面的"缺憾"，应当说，不是王春燕老师这节课所独有的，本次观摩教学的大部分课，都或多或少地存在着这样的问题。

那么，如何综合地认识教师的创新和课堂表现的"缺憾"？我们对两

者应抱怎样的态度呢?

我认为,《猴王出世》是一节具有探索意义,富有较大创新价值的好课。这节课的出现,是对长期以来以内容分析为核心的语文课堂的境界上的超越。同时,这节课并不完美,在过程演绎上,还存在着一些值得改进的地方。但是,瑕不掩瑜,这节课的创新价值,远远大于它在枝节上所出现的问题。如果因为其枝节上的问题而对整体的创新价值熟视无睹,进而将"孩子和脏水一起泼掉",那是语文的悲哀,而不仅仅是王春燕老师个人的遗憾。

三、中国语文岂能一张脸

然而,更为遗憾的是,王春燕老师所做的巨大努力,还是遭到比较多的质疑、误解。这是一种偶然现象,还是足以引起深思并直面的现实?

现实是什么?那就是不少语文界人士,喜欢以一种先验的思维方式,想当然地思考来面对创新的事物。这绝非危言耸听!看看这次观摩会上所呈现的课(包括获得好评的大部分课)吧,不管什么年级,不管什么体裁的课文,不管学生事先是否熟读了课文,几乎所有课的设计和实施都似曾相识,好像同一个模子克隆出来的,又仿佛同一个师父指导出来的。第一课时的设计一般是这样的:

第一步:教师板书课题,让孩子们跟着看教师板书或者书空。(据说,这是为了体现重视书写。其实,很多课题,不是生字,为何教师不能课前就板好?要示范板书,难道只有一种板书方法?)

第二步:齐读课题,于是大家把课题读得震天响。 (课题都必须读吗?)

第三步:初读课文的时候,老师们总是说:请大家按自己喜欢的方式读,注意把字音读准,把句子读通。(这样的公开课上,孩子们早就读过很多遍了，有的还能背诵课文了，还需要说读准字音，读通句子？还需要这样走过场地读一遍？）

第四步：……

太多的雷同，太多的相似，多得不胜枚举！

而对这样的观摩课雷同现象，有网友振振有词地指出：

雷同、相似就是不好吗？有些语文教学中规律性的东西，是不变的，也是最简单的，正所谓"大道之简"，大道也至简也。该怎么教，就怎么教吧，语文教学中何必扔掉那些最简单也是最直接有效的方法，一味去追求太多的新奇、太多的玄妙、太多的机关、太多的陷阱呢。难道一定要闯过"重重机关"，揭开"层层面纱"，让听课老师突然豁然，"哦，这个设计原来有此玄妙"，这样才算好吗？——我们由于太追求公开课的表演性观赏性而越来越偏离语文教学的原点了。现在的小语课堂教学，不是"一张脸"，而是"变脸"，在"某某语文""某某语文"等劲吹大江南北，引发热潮之时，也搞得许多小语人找不到北了——"这语文课，我怎么越来越不会上了"，这已是为数不少人的心声了。

持这样观点的老师，显然不在少数。是的，语文教学是要"返璞归真"，语文教学是要"大道至简"。问题是，上述所列举的教学环节以及本次比赛所呈现出来的语文课堂，并非都在采用"最简单最直接最有效"的方法与策略。不必说"板书课题""齐读课题""自读课文"等环节，并不是每一节课都必需的，单说每节课总是围绕课文内容"教师问来问去""学生答来答去"的千课一面的教法，是否就是"规律性的不变的东西"？

不客气地说，本次观摩会乃至以往的大部分观摩会上所呈现的课堂，基本上是大同小异的"近亲繁殖"。怪不得不少台湾、香港教师听了内地的语文课，总觉得很奇怪，你们内地的语文课怎么如此相似？在他们看来，用"中国语文一张脸"来形容，也许不为过。

走笔至此，我不禁想起了一种"小老头林"。曾在《人与自然》2003

年4月号读到《走出低水平重复误区——再论警惕森林的人工化》一文。该文述及，有人为了让森林整齐好看，种植了一种单一的人工林。这种单一种植的人工林，尽管看上去井然有序、蔚为壮观。但它的生物多样性锐减，林下缺少自然林的灌草覆盖，腐殖层很薄，土壤肥力差，涵养水源能力弱，林下难以分散的针叶层干燥易燃，单一林还会导致虫害的发生。而且，单一人工林无法自然繁殖，它们是一些"小老头林"！

好一个"小老头林"！毋庸讳言，本次比赛中所呈现的那些四平八稳模式雷同的课，这难道不是在我们中国语文的大地上种植"小老头林"吗？

"小老头林"是主观意志的产物。在百废待兴的年代里，人们需要多出木料，快出木料，以加快国家建设的步伐。于是林场管理人员设法栽培长得大、长得直、长得快的单一人工林。至于生物的多样性则忽略不计了。但人们忘记了森林的生态规律："单一性导致脆弱性，多样性导致稳定性。"同样的道理，我们的语文观摩会追求"样板课"的效应，那些看起来完美无缺，而实际上"年年岁岁课相似"的演绎，让语文教学一直徘徊在低水平实践状态。我们的语文界太需要不同的声音、不同的实践样式来激活这一潭死水。而在功利色彩浓重的观摩课机制干预下，我们的教师不敢越雷池半步，有些稍微大胆者，试图给不温不火的语文课掺入一些探索元素，"风乍起，吹皱一池春水"，便被话语权威一票否决。因此，我们看到的整个中国小学语文观摩课，如同一张脸，也就不难理解了。

生态学告诉我们，单一性是任何生态环境的杀手；多样性才是生态环境的强心剂。推而思之，我们的阅读教学乃至整个语文教学，也需要丰富性。同一个模式，同一张脸孔，这是对鲜活语文的一种生命摧残！

在这个文化多元化的时代，国人经历的"计划经济"的单一性思想破灭了，一元化文化理念瓦解了，多元文化正蓬蓬勃勃地展示其迷人的风采。那么阅读教学乃至语文教学，作为整个人类文化大生态中的小生态，我们也应该遵循多元文化，以包容的理念面对创新的事物，让语文教学这一生态圈，呈现多样性和复杂性。如果固守单一性教学模式和流程，就是违背生态规律，就是扼杀语文。

从另一层意义上说，我们评判事物的价值坐标，不是恒定的，而是不断变化着的，且各人的价值取向不同，对事物的评判也会截然不同。同理，面对同一篇课文，不同地域不同年龄以及对语文有不同理解的教师去执教，其风格也会打上自己的思想烙印。因为，每一个人，都是身处于由自己的声音、声音后的思想、思想后的意识形态所建设出来的哲理空间中。也正是这个强大的哲理空间勃发着学生和教师的阅读生命活力，丰赡着学生的精神世界，丰盈着教师的创新品质，丰富着语文园地的实践样态。

也许有人能够为单一性找到具体的理由解释，但是单一性作为破坏生态活力的杀手规律，具有跨范畴的本体相似性，却是否认不了的。因而，当我们在阅读教学中，在教学观摩课中，为片面追求一种样板课尝到"甜头"而自鸣得意的时候，想一想那个"小老头林"的厄运，真的很有必要呀！

中国语文，迫切需要打破"一张脸"格局！这一格局，也许是坚冰一块，由来已久。但，总得有人去打破它。那么，打破坚冰可以从哪些途径入手呢？

首先，要解放思想，改变思维方式。无论是一线教师，还是语文界人士，绝不能陷入惯性思维方式中不能自拔。长期以来，我们总是高扬着改革的大旗，却对阻碍中国语文教学改革的某些陋习不敢也不愿大胆扬弃，以至于我们的改革之路举步维艰，我们的课堂面貌几十年涛声依旧；即便在局部上有所改观，那也是茶壶里煮饺子，难以泛起真正的波涛。窃以为，中国语文要打破"一张脸"的局面，不是从技术上突破——中国人历来不缺乏技术上的创新。我们要从思维方式的变革上有所突破；我们要鼓励创新，对那些敢于创造勇于探索的教师，大力扶持。要容许他们的课"出格"，甚至"另类"，只要这样的课对学生的发展有帮助，只要学生在这样的语文课上语文素养得到切实的提升，我们完全可以不用计较他是否符合传统的所谓"教材教法""教学原则"。因为，任何所谓的教材教法和教学原则，永远跟不上铿锵的创新步伐，而审视一节课的永恒不变的标准，则是学生的真实发展。

其次，形成"兼容并包"的学术氛围。"兼收并蓄"历来是一种大气开放的学术气度。北大之所以是北大，乃是因为有梁启超所倡导的学术氛围支撑；北大大师云集，因为北大"有容乃大"。在我们的语文园地里，要有一种雍容大度的气象，要鼓励自由意志和独立精神。正如国学大师陈寅恪先生所言："我认为研究学术，最主要的是要具有自由的意志和独立的精神……独立精神和自由意志是必须争取到，且须以生死力争。"要给那些语文园地里有思想有建树的"叛逆者"以一席之地，让更多不同样式的语文走向前台；要鼓励教师在继承本民族语文教学传统精华的基础上，吸纳西方国家的课程理念，大胆地"拿来"，"洋为中用"。比如《美国著名中学语文》，单就其教材选编，就足够引发我们的深度思考。

第三，倡导"百花齐放"的观摩格局。两年前，我曾大声疾呼，全国性的观摩教学，要淡化竞争，凸显研讨。淡化竞争，注重观摩，就会给上课教师以宽松的研究氛围，来自不同地域的不同风格就能得到张扬和凸显。同时，拓宽观摩的范围，变单纯的"阅读教学观摩"为"语文教学创新观摩"，诸凡语文教学的各个领域都可以作为观摩的内容，而不仅仅局限于阅读教学；再比如，在研讨中，增加特色和创新的比重。衡量一节课，既有普世的标准，又有创新和特色权重。这样一来，上课教师就能放开手脚"八仙过海，各显神通"了。

若如此，则中国语文百花齐放的局面就呼之欲出了！

后记：其实，语文的脸，这些年，悄悄在改变。改变，主要源于民间力量的推动。只是，全国比赛的脸（全国比赛的脸，其实也并不代表中国的脸——文章的标题，是应《人民教育》编辑要求而改的）并没有多少实质性的改变。这篇八年前的旧文，除适当压缩了一些篇幅外，核心观点并未改变。至于，王春燕老师的课，是否当得起这样高的评价，已经不重要；重要的是，因此而引发的一系列"略读课文如何教"的持续讨论。

语文公开课艺术化的忧思与追问

——以金克木《国文教员》为镜

近读金克木先生随笔集《游学生涯》。金先生的学问识见，自是没得说。引起我共鸣并深思的，是几年前在《化尘残影》中读过的《国文教员》一文。彼时读此文，我就在一些细节处做了简单的批注，今日再读，想及当下愈来愈艺术化的语文公开课，感慨颇多，遂写下此文，借以警策自我——别在艺术的路上迷失了自己——因为，曾几何时，自己也一度热衷于这种艺术课的制造。

1

金先生上小学时的国文教员，肯定不是名师，先生甚至连老师的名字都记不起了。但老师的朴素教法和卓然风采，金先生却记忆犹新。文中，虽没有直抒胸臆赞美老师，但字里行间，包含着深沉的感激和怀念。

一个普普通通的小学语文教员，为何会博得大学问家金先生如此的敬重？

我们来看看这位老师都做了些什么？归纳起来，很简单——

一是自编教材供学生学习；二是让学生大量背诵名篇；三是适度精当地讲解。除此，这位老师好像没有做过什么惊天动地的事情。让我们引录金先生的原文片段，走近最朴素的语文课堂——

他的教法很简单，不逐字逐句讲解，认为学生能自己懂的都不讲，只提问，试试懂不懂。先听学生朗读课文，他纠正或提问。轮流读，他插在中间讲解难点。课文读完了，第二天就要背诵。一个个站起来背，他站在旁边听。背不下去就站着。另一人从头再背。教科书可以不背，油印课文非背不可。文长，还没轮流完就下课。文短，背得好，背完了，一堂课还有时间，他就发挥几句，或短或长，仿佛随意谈话。一听摇铃，不论讲完话没有，立即下课。

这样的课堂，可谓简单至极。没有精心设计的开讲，没有精妙绝伦的导语，没有起承转合跌宕起伏，甚至连时间都无法控制，颇有点信马由缰的意味。

但是，简单的背后，是极其的不简单。

首先，是老师的眼光和识见。在大家都倡导用白话文教学的年代，一个国文老师，能大量地选编课本以外的文章，且"这些文后来都进入了中国大学的读本"，是颇需胆识和学识的。设若这位老师没有深厚的古文功底和学养，是难以从浩如烟海的古籍中选出这么精彩的文章来的。

其次，是老师非常重视背诵积累。毫无疑问，这位国文老师，是从私塾里出来的，他秉承了私塾国文教育的菁华，牢牢牵住了语文学习的牛鼻子——背诵。在《国文教员》这篇文章中，金先生多次提及他的老师是如何严格要求学生背诵的。背，成为语文学习最最重要的童子功。

第三，最让人钦佩的是，老师的精当讲解。对"孟轲"的"轲"字的解释，《病梅馆记》中涉及的文学流派，古诗词中不同句子中出现的"寒"字的比较，以及《鸿门宴》中"立"字的深入剖析，是那样精妙绝伦。这位国文教员，能不讲的坚决不讲，若要讲，则讲在学生不懂处，讲在言语规律处，讲在文章章法处。在此过程中，教给学生语言的规律，学习的方法，做人的道理。这几个教学片段，大有"点石成金"的风范。

这位不知名的国文教员，就这样用自己最为朴素的方法，将金克木先生和他的同学，引进了文学的殿堂。

大道至简，大音希声。简单，往往最能抵达事物的本质。

2

反观当下的公开课，大有越来越复杂，越来越"艺术"的趋势。

常常听到不少老师在听完一节公开课后，发出深深的赞叹："这节课，简直完美无缺；这是一节真正美丽的语文课！"若追问，为什么觉得完美无缺，乃至于觉得美丽呢？听课者往往会从这几个角度来回答：

"整节课设计得行云流水，一点节外生枝的东西都没有。"

"课件太美了！优美的音乐，和谐的色彩，惟妙惟肖的动画……"

"教师的语言太美了，激情澎湃，每一句话都像是一首诗。"

"听这样的课就是一种艺术享受。"

"这节课带给我很震撼的感觉，老师上得太好了！"

……

是的，看课看老师，而不是看学生，已经成为我们看课的由来已久的约定俗成。"言为心声"，其实，这些不经意间的议论，反映了当下公开课的价值导向和老师们听课的价值追求。公开课，以"唯美"为最高的追求——这是一种畸形的追求。在这种"唯美主义"思想的推动下，于是，我们的课堂越来越美，语文公开课，简直就是一场"唯美"的盛宴。

君不见课堂上，唯美的课件让人眼花缭乱目不暇接。声光齐上，图文并茂，音乐渲染，余音缭绕。

君不见课堂上，唯美的语言让人惊叹不已感佩不止。诗意盎然，妙语连珠，口吐莲花，滴水不漏。

君不见课堂上，唯美的流程让人如坐春风大呼过瘾。环环相扣，层层推进，行云流水，秩序井然。

近年来，这样的"唯美课堂"在语文教学界，尤其是小语界，有愈演愈烈之势。一篇几乎不存在理解难度的课文，在预习时读了五六遍甚至会背的情况下，老师非要让学生从课题入手，质疑问难，提出一个又所谓的"问题"；一个简简单单的句子，老师要竭尽全力，翻来覆去，颠来倒去地让学生配合着读下半句，非读个十遍二十遍誓不罢休，美其名曰让学生在语境中和作者的情感同频共振；一个相同的教学设计，遇到不同的学生，老师的点拨和启发，总是一模一样的近乎朗诵的几句诗一样的话语；不管是什么文体，说明、寓言、写景、状物、叙事……凡是文章，就一定要训练有感情朗读，学生也跟着老师拿腔捏调地摇头晃脑；课堂教学渐入佳境时，不管需要不需要，非要创设一个写话的情境（而且必定是配上一段煽情的音乐）将课推向高潮不可！似乎不这样做，就没有做到"读写结合"，就不够美轮美奂……

如此等等，不胜枚举。于是，我们的语文课，打扮得越来越花枝招展。

3

我们，真应该静下心来想一想，学生需要的是怎样的课堂，怎样的语文；我们，真应该静下心想一想，一线老师需要的是怎样的公开课。

我想，教学的唯一目标，是为了学生的发展；语文课的唯一目标，应当是帮助学生学习语文。老师们看公开课，也应该是看老师是如何帮助学生学习语文的。其落脚点，在学生的"学"上。学生的学习，是有需求的，是会遇到困难的，是需要老师帮助点拨的。而反观我们当下的大部分语文公开课，鲜有老师从对学生的真实学习情况的检测或调查开始，而是将一个预先演练多遍的教案，在课堂上按部就班地实施。教案是剧本，老师是导演，学生是演员。"演员"只要在"导演"的指导下，完成"剧本"的预设任务，就大功告成。这，不是实实在在的"艺术"吗？这样的课，当然也就成了"艺术课"。

这样的"艺术课"，忽视了学生真实的学习需求，遮蔽了真实的学习矛盾，掩盖了真实的学习挫折。表面上看起来，课堂是行云流水，精彩纷呈的。可是，这精彩是属于学生昨天的，还是属于当下生成的？

我以为，真实的能带给一线老师更多启发的公开课，应该是不需要反复试教（至多试个一两遍就够了），更不需要花一个月乃至更长时间来备课的。教师从拿到教材到在课堂上演绎，长则两三星期，短则两三天，在心里反复推敲教学方案，以朴素的方式走进课堂。这样的课堂，和家常课更为贴近；这样的课堂，所暴露出来的问题，是真实的问题；这样的课堂所生成的智慧，才是一线教师所迫切需要的。而经过了反复试教的课，学生的学习矛盾被教师人为地遮蔽掉了，学生的学习挫折无法真实地展现，学生的学习困惑如何解开，听课者无从得知。这样的课堂所呈现的"行云流水"就缺乏了普遍意义。

一节完美得像艺术品一样的公开课，不是一节好课。因为，它离一线教师太远。

一节真实的好课，应该是有缺点的，乃至于有硬伤的。公开课，因为缺点而可爱。所幸的是，公开课的舞台上，还是有不少老师，自觉地以上出朴实、家常而高效的语文课为价值追求。

只是，有这样追求的老师，还是太少太少。

4

那么，是什么导致了公开课在"艺术"的路上越走越远？我们又该何去何从？

一则，执教老师求完美的心态使然；二则，听课老师对公开课求完美的心态使然。

为了满足听课者猎奇的心理，执教者便纷纷想出怪招、高招，"博出位"，吸引听课老师眼球；听课者，则纷纷以谁的课"最有艺术表现力"来衡量。而课堂的主人——学生，则被我们悄悄遗忘。我想，作为听课者，我们是否不要以"艺术品"来考量一节公开课，而是去思考：这节课，教师是如何和学生一起学语文的？他（她）的教学，有哪些值得我日常教学借鉴启发的？当然，也许有老师说，金克木先生文中所提及的，都是家常课，我们的公开课，若都这样上，谁还愿意去听？我想，如果我们不以"艺术品"去衡量公开课的话，难道你不觉得金老先生的国文教员，才是真正值得我们学习的吗？我们，究竟是为了学习公开课的技巧以便于下一次公开课更好地包装自己，还是为了提高常态下学生学习语文的效率？公开课华丽的外表是"椟"，而真正有助于提高学生学习能力的笨方法，往往是"珠"，我们，总喜欢买椟还珠！

　　"以生为本"这句听得人耳朵起老茧的理念，实施起来，真的很难很难。但是，作为一个真正有责任感的老师，我们就应该努力从每一节课做起，少一些作秀，多一些务实，让公开课接近家常课。我们是否可以从以下两个方面去努力？

　　首先，老师要有"忘我"的精神。不要时时处处想着我在上课给老师们听，我要把自己的所有特长展示给听课老师们，而要想着我在和孩子们一起学语文。刘铁芳教授在《三种歌星的三重境界》一文中，分别分析了张国荣、刘欢、王菲的唱歌风格，他指出："应该说，这三位歌星都把自己所体现的类型发挥到了极致，都可以说是杰出的歌星。在艺术的角度上也许难分高下，但如果站在听者听歌的角度而言，则王菲当更胜一筹，张第二，刘第三。为什么？因为听者是听歌，对于听者而言，最重要的当然是听你的歌，接受你歌曲的感染，而不是，或者说首先不是听你这个人，接受你这个人，当你这个人过多地占据了听者的心，听者就无法更多地、更纯粹地接纳你的歌，感受你的歌，你的人已经先入为主。"

课堂、学生本身就是世界，展现这个世界最好的方式就是让这个世界本身说话，而不是按照教师个人的意志来说话，准确地说是，教师的安排设计只是为了显现这个世界，而不是人为地支配、改造这个世界。课堂处处有教师，但看不见教师人为的痕迹，看到的只有教师的教育对象——学生生命的飞跃。这是教学的另一种境界。

　　车尔尼雪夫斯基有一句话说得好，"我们所能找到的只是好而已，没有完美"。王菲也不是歌唱艺术的终点，何况世界原本需要丰富多彩，需要个性多样。因此，课堂上，教师适度地忘记自己，让自己往后退，把学生往前推，这是应有之义。教师在课堂上，要做一个"报春使者"，要做到"俏也不争春，只把春来报"，教师千万不要把自己打扮得花枝招展星光四射。学生的光芒四射，才是课堂最应该追求的。

　　其次，追求"忘我"中的"有我"。我们说教师要适当"忘我"，并非始终"无我"，而要追求"忘我"与"有我"的融合——教师要在"忘我"的课堂上凸显"有我"的风格。

　　有人说，在学生面前，老师要敢于说"语文即我，我即语文"。教师不仅是平等中的首席，不仅是教材的主人，不仅是合作者，更应是丰富的课程资源，是课程资源自然而恣意的流淌，这就需要我们的教师多储备多积累。就像金克木先生文中所提到的国文教员，这样的老师在讲台上一站，随便说一句话用一个典便蕴含着丰富的文化底蕴、洋溢着文化个性，一个表情、一个手势，便是儒雅的学者风范，黑板上的每一个字、随口而出的一句诗，都能呈现出中国文化的神韵。这样的老师从不刻意追求一节课的行云流水，从不去精心打造一个环节的美轮美奂，他们的举手投足，就是丰富课程资源的天然流淌。这样的课堂往往没有跌宕起伏和妙趣横生，我们只见到学生在学习的"场"中的感悟、沉思、浸染、玩索与体验，是课程文化与学生心灵共鸣的默契与交融，而老师则是这种"场"——课程文化氛围的营造者，这就是真正无痕的语文课。

一个有文化底蕴的语文老师，是不需要逞才的。你往教室里一站，举手投足，就是语文。不需要你用自己的喋喋不休，大声地告诉听课者，"看啊，我是一个多么有文化的人！"

语文公开课，愈来愈艺术化，元芳，你怎么看？

呵护童年生态

1

上周六，专程去绍兴听周一贯老师作关于想象作文教学的讲座。周老对于想象力在人的成长中的作用，有着深刻而独特的认识。

他引述了一位名人的阐述，指出人有"三种力量"。第一种力量是身体的力量，第二种力量是精神的力量，第三种力量就是想象和幻想的力量。没有了想象和幻想，就没有了人类的辉煌。

儿童和成人一样，也有三种力量。他们身体力量和理性力量不能和成人相比。成人的身体和精神力量比儿童大。但是儿童的第三种力量比成人大得多。保卫童年，我们就要保卫儿童的第三种力量——想象和幻想。

我们如何重新认识想象能力培养的重要性。周老指出，在这一背景下重视想象作文教学，研究想象作文教学，有如下几个理由：

第一个理由：在新课改的背景下，我们必须重新认识培养儿童想象与幻想能力的作用。《新课标》把想象作文，作为一个重要的命题提出。新课程实施已经七年，可是我们对想象作文的认识，还没有提高到应有的高度。《新课标》指出，要激发学生的想象和幻想，鼓励写想象中的事物。这是新中国成立以来九个颁布的课标（或大纲）中，唯一出现的话语。这说明，过去对想象作文重视和研究很不到位。

第二个理由：科学主义、实用主义，破坏了想象能力和幻想能力的发

164

展。今天，我们对想象作文的研究，还没有提到应有的高度。技术主义，实用主义，在一定程度上，在消解想象能力。

第三个理由：愈演愈烈的人才竞争，需要重视想象力。竞争的核心问题，就是创造力的竞争，想象力的竞争。国际竞争，是综合国力的竞争。综合国力的竞争，本质上说，是科技的竞争；科技的竞争，本质上是教育的竞争；教育的竞争根本问题是人的竞争；人的竞争，本质上就是创造力的竞争；创造力的核心，是人的想象力。在竞争愈演愈烈的今天，哪个国家不重视想象力，哪个国家就会在今后的竞争中被淘汰。

2

周老的这番论述，引起了我的深思——关于童年，关于童年生态和我们的语文课堂。

我们的语文课堂，尤其是不少展示精彩的公开课，越来越有成人化的倾向。这些课堂，将一些过于深奥的解读，塞给儿童，有时候，连成人也听得一头雾水、云里雾里。这样的课堂，因为知识过于密集，节奏过于紧张、思维过于成人化，导致了儿童本位的缺席。

君不见，我们的语文课堂上（尤其是公开课），老师们越来越追求文本解读的深度，越来越讲究语文课堂信息的密度，越来越追求所谓的精彩程度。于是乎，课堂上，我们常常看到老师们对文本进行"深度开掘"，发前人之未发，见前人之未见，解读出一些令听课教师也似懂非懂的微言大义，以显示自己钻研教材深入；我们也经常看到老师们引经据典，无度整合，以显示其阅读面的宽广，视野的开阔；我们也经常看到老师们设计一个又一个精妙的问题，逼着学生走向自己的预设，实现课堂的精彩。这样的课堂，往往因其出乎意料，异峰突起而让相当数量的老师赞叹不已，纷纷效仿，甚至趋之若鹜。老师们纷纷赞叹，这样的课堂，真是有文化，真是有内涵！

但是，静下心来思索，这样的课堂，学生得到了什么？当我们为教师精妙设计而喝彩的时候，我们何曾想到，课堂的主人——儿童，在这个过程中获得了什么？老师的深度解读，符合儿童的心智发展吗？琳琅满目的拓展，孩子们能够在一堂课当中有所感悟吗？所谓的精彩，来自孩子们生命拔节的快乐吗？当我们用这样的问题来拷问我们的课堂，也许我们会发现：我们，在一厢情愿地演绎着成人认为的精彩，却忽视了真正的学习主体——儿童的生存状态。在教学《我的伯父鲁迅先生》等类似的课文时，我们经常看到有些老师极尽"神化"之能事，将主人公美化成一个僵硬的概念。《我的伯父鲁迅先生》一文，诚如落地麦老师所说的，老师们在教学的时候，往往是"只见鲁迅不见伯父"。最典型的便是对"跪"字的处理以及"碰壁"和"深深叹息"的开掘。一个救助受伤者的平常动作，被老师们赋予了太多的意味——一个伟大的人跪在下层劳动者面前，"这一'跪'，'跪'出什么？"这往往也是老师们爱问的问题。而事实上，每一个稍懂医学常识的人都知道，在当时特定的情境下，救助受伤者，只能是"跪着"进行，这和身份地位毫不相干。而我们的老师却往往揪住"跪"字不放，非要"跪"出什么名堂来不可！至于"碰壁"和"叹息"固然内涵丰富，但更多的是鲁迅作为伯父的幽默的本色流露和不愿意让孩子们过早地知晓人世冷暖的下意识之举罢了。在追求深度的课堂上，关于鲁迅的每一个举动，老师们恨不能都和"革命家""思想家""文学家"联系起来；关于鲁迅的所有一切，恨不能将自己对鲁迅的了解全部告诉学生，甚至有将鲁迅纪念馆搬到学生面前的冲动。于是，课堂变成了神化鲁迅的殿堂，鲁迅被高高地置于伟人的神坛！这样的课堂，孩子们只能"离鲁迅越来越远"！过分追求深度的课堂，实际上是对儿童生命的漠视，是对儿童生态的破坏。也许，在以往的公开课当中，或许为了迎合听课老师的胃口，也或多或少地存在这样的问题——这也应该值得我们警醒与反思。

166

中国海洋大学儿童文学研究所所长朱自强教授，在《童年的诺亚方舟谁来负责打造——对童年生态危机的思考》一文中指出："我们被物质主义、功利主义迷雾遮住双眼的文化大船出现了生命'存在'的精神迷失，它正在现代的核动力的推动下，迅速远离荷尔德林所吟诵的'诗意地栖居'的'大地'。作为历史概念而始终被成人社会假设的儿童和童年，处在今天依然是成人本位的社会中，更是命中注定地被精神迷失的快船拖向了危机四伏的海域。"

诚哉斯言！我们用儿童文化及童年生态来审视当下的语文教学，我们便不难发现，我们的语文教学正在为此付出沉重的代价——以童年生态的破坏作为牺牲。一个儿童，一个生气勃勃的生命，来到这个世界，是为了享受自由、快乐的生命，体验丰富多彩的情感。但是，由于社会、学校、家庭中普遍奉行的功利主义（包括科学至上主义、知识至上主义、物质至上主义），孩子们生命的蓝天，却被几本教科书以及被我们的语文老师给遮黑了——其实老师们也是无奈——为了应试，不得不按照参考书照本宣科。孩子们不是为了"存在"而学习，学习是为了今后更好地"活着"，过早地背上了应试的包袱，他们学习不是为了给生命带来精神充实和快乐，而是将生命变成了学习的机器；我们的儿童，由幼儿园的天真烂漫，接受了六年的小学教育，于是，想象力在慢慢地钝化，乃至于退步。原本对陌生未来充满着好奇的他们，逐渐学会了应试，却把最宝贵的第三种力量——想象和幻想，丢掉了！这难道不是童年生态遭到破坏吗？作为语文老师，我们深知自己肩上的重任——让童年生态在自己的努力下，尽力回归！因此，一个有良知和责任感的语文教师，要始终关注童年生态。

3

关注童年生态，守卫童年生态，我们就要主张"尊重儿童"的语文，实践"为了儿童"的语文,追寻"发现儿童"的语文。每一个语文老师,理应成为童年生态的自觉守护者。我们的语文课堂,应该追求这样的境界:课堂应该是温馨的伊甸园,自主的学习的生态园,因师生平等、人格尊重而温馨,因精神自由充实而快乐,因智慧的传递与裂变而幸福。这样的课堂,始终以儿童精神的发展为旨归,师生在民主平等的和谐氛围中享受自由,教师享受着儿童充分发展想象与幻想带来的美妙,教育的智慧在教与学的过程逐渐递增,师与生在心智的共同成长中共同守护着童年的生态!

说来听听，听听来说

作为老师，你有没有觉得这样的场景很熟悉——

低年级的课上。PPT鲜艳灵动，老师活泼可亲，"谁来当当小老师？""谁会读读这句话？"小朋友们举手如林，有的甚至忍不住站起来，答对的小朋友获得老师的各种表扬以及同学们艳羡的目光，没等下一个问题出来，立即是一片"我我我"，师生都极其投入，可你却觉得吵吵嚷嚷，听不出所以然。

中年级的课上。小组活动早已井然有序，四个或六个小朋友围坐一起，头碰头喊喊喳喳好不热闹，可走近细听，却发现他们要不各说各话，要不聊着其他，等到全班汇报，站起来回答的依然只是自己的想法，刚才的讨论基本无效。

高年级的课上。许多孩子早已习惯性沉默如斯，习惯于看少数孩子口才惊人，侃侃而谈。但常常老师要忍不住打断滔滔不绝者，因为不少学生面对长篇大论已呵欠连天左顾右盼。

作为老师，你有没有这样的经历——

公开课上，当学生答非所问时，你心急如焚，恨不能打断他；当学生口齿清楚地说中你的预设时，你立即点赞然后进入下一个环节。

家常课上，虽没有人掐你的秒表，你却依然期待着标准答案，有时学生犹犹豫豫唯唯诺诺便立即打断，"请好好想一想，一会儿再回答"，等到铃声响起口舌发干，才惊觉这孩子再也没有了"一会儿"。

无论公开课还是家常课，你一定会看到少数学生总是那么活跃，他们能很好地提取和梳理同学发言、老师的观点，进而提炼出自己的想法，有条不紊地表达出来，甚至几个孩子就能形成小小的辩论会，你来我往针锋相对，不时有精彩的言论惊艳课堂；但是，也一定会有相当一部分孩子讷讷不善言，他们只是静静地听着，仿佛"闷葫芦"，从不引人注目，仿佛被人遗忘。但等到考试的时候，你会惊奇地发现，那些口若悬河的孩子，常常考不过那些安安静静的孩子。

面对这一怪象，你是否很纳闷：为什么这些"闷葫芦"，成绩却要比活跃分子好？

更让人纳闷的是：作为老师，我尽心尽力教书，教生字，教朗读，教作文，教小说散文说明文，教段落大意主要内容中心思想，教顺叙插叙倒叙，数不清的教学点，教不完的知识点，每节课都有教学目标重难点……我们很忙，常常把课上到拖堂，一到期末，更是卷子满天飞，改不完的错题，讲不完的题单，直到头昏眼花喉咙嘶哑。但是看到考卷，我们还是会一遍遍地问学生："我都讲过无数次了，你们怎么还是错了？"

是啊，都讲过无数次了，怎么还是错了？

问题，究竟出在哪里？

听，被长期忽视与轻慢。

问题，出在忽视了"倾听"习惯的养成上。

其实，无论何种版本什么内容，也无论教学手段如何与时俱进迭代升级，语文的根本任务都不变，无外乎是培养学生的"听说读写"的能力。

听，被排在第一位。这是为什么？是说着顺口，还是习惯使然？

"聪"字左边是个"耳"，耳朵是接收信息最重要的器官。婴儿学习母语，主要是通过耳朵的倾听习得语言的。

小时候，家穷，买不起课外书。我孩提时代的文学启蒙，是靠耳朵完成的。生产队里，卖梨膏糖的先生，靠说书的方式，吸引我们，讲了一个半小时精彩的故事，最后卖点梨膏糖。为了明天晚上能继续听，我们会自愿掏钱买他的糖。常常听着听着，脑子里不断勾画故事场景，一切栩栩如生。

听，埋下文学种子，感受母语音韵，形成敏锐语感。

儿子两岁半，能够把《海的女儿》原封不动地讲述下来。原来，在他半岁开始，我们就给他听录音故事，一盘录音磁带，反反复复地听，听着听着，他就记住了全部内容，几乎一字不漏地复述出来。

安静地听，完整地听，是母语学习最简单也最有效的方式。

然而，到了学校，我们的语文课，却不再重视听，提问——讨论——回答——朗读——练习……就是没有"听"啥事儿。

也许老师觉得听的能力与生俱来，受天赋，受环境，还有性格的影响，再加上几乎不可测试，所以常常忽视与轻慢"听力"训练。这样的忽视与轻慢，却往往把最简单却又最有效的语文学习方式，给丢了。

因此，我们说"听"既然作为语文的一种重要能力，应该可以且必须可以在课堂上培养。它与学生的学业成绩、沟通能力，甚至思维水平，应该有着紧密的关系。

佐藤学在《静悄悄的革命》里提道："互相倾听是相互学习的基础，教师往往想让学生多多发言，但实际上，仔细地倾听每个学生的发言，在此基础上开展指导，远远比前者更重要……"

"倾听这一行为，是让学习成为学习的最重要的行为。善于学习的学生通常都是擅长倾听的儿童。"

《静悄悄的革命》是课程的革命，佐藤学教授在深入一线 20 多年后，希冀构建一种学习共同体，并不是单纯的师生之间教与学，或者简单的小组合作，而是生生之间能成就对话性深度学习，这的确是教育理念、教育方式甚至课堂结构的革命，但是它的第一前提就是建立"互相倾听的关系"。

有效的课堂教学，当从教师和学生互相倾听开始。在课堂教学中，教师是否能认真、耐心地倾听学生的回答，学生是否能真正专心、耐心地听讲，这些都直接影响着课堂教学效率，也影响着学生的发展。尤其前文提到的，面对那些说话结结巴巴或者语无伦次的学生，师生的倾听姿态，直接影响着孩子们的言语自信和学习状态。

教育家叶圣陶先生把"听"归为语文能力之首，是有道理的。会听，是会读会写会说的基础。甚至教育心理学工作者观察一般语言活动的使用频率，得到的结果是："听占45%，说占30%，读占16%，写占9%。（《叶圣陶文集》）会听，就是专注地集中自己的注意力；会听，就是会梳理别人话语中的重点；会听，就是会让不同的想法和自己交流，或共鸣，或碰撞，产生新的思想。"

因此，在抱怨"我都讲过很多遍了，你们怎么还不会"的时候，我们不妨这样问问自己——

无数节语文课中，我有无上过这样一节或几节课（或者课中的某个环节），专门教学生如何"倾听"？

无数节语文课中，我有没有言传身教，蹲下身来，真正认真、耐心地"倾听"每一个学生的发言？

如果没有，那么，你便找到了原因。

说，成为少数人的霸权。

听，是一种被动的交流，说，是一种主动的交流，两者共同构成语言活动。在很多时候，我们自己的想法和观点并非成熟，常常在自己用语言表达的过程中得以梳理和总结，甚至，会通过说，将自己的思考过程再次呈现并加以完善。而写，不过是说的另一种表达形式。

在生活中，我们当然知道会表达的重要性，毕竟这是人与人沟通和交往最重要的方式。就如托尔斯泰所说——与人交谈一次，往往比多年闭门劳作更能启发心智。思想必定是在与人交往中产生。但是我们同样知道，说的能力和自身的修养、文化水平并不是一致的。所以现在小主持人班、演讲社团、口语与交际课程才会如此受重视。

任何能力的培养都需要足够的锻炼，长期的锻炼才会养成习惯。叶圣陶先生说，教育，就是培养习惯。习惯的培养，需要长时间坚持。说的能力养成，同样需要大量的机会和时间。

上课"开口说"的机会，常常被反应灵敏擅长表达的孩子们"霸占"着，更多的学生不过是他们思维和语言的被动接受者。我们的课堂，常常变成了老师和少数学生"讲群口相声"地方。大部分学生，整节课，都在装出专注听的样子，陪着少数尖子生听课。这种陪听，常常因为没有学习任务的反馈和教师的可视化检测，导致大部分学生处于梦游状态。

所以，我常常觉得孩子们真的很不简单。因为他们要从老师啰啰唆唆的话中梳理出重点，自己却没有机会表达自己的想法，这需要多么强大的专注力。

因此，在我们埋怨孩子们学习效率低下的同时，我们不妨问问自己——

无数节语文课中，我是否让孩子们带着必须完成的明确任务，并通过不同的形式（读、说、写），将自己的学习成果，在小组或者集体中展现出来？

在无数节语文课中，我是否留出足够的时间与空间，让学生"想想，说说"或者"想说就说"？

在无数节语文课中，我是否让每一个学生至少有1~2次机会，在小组或者班集体内"想想，说说"？

如果没有，那么，你便找到了改进办法。

听与说，其实是广义的阅读。

"没有经过省察的人生不值一提"，我们也能说，没有经过思考的阅读不值一提。真正的阅读能力其实就是一种思考的能力以及在思考的过程中与人交流，从而不断产生新的思考的能力。

阅读是一件私密的事情，对于成熟的阅读者，安静地阅读，与书本对话，与作者对话，甚至与自己对话，自然是愉悦的体验，美妙的感受。但对于孩子而言，听说读写的能力都还在提升的过程中，孩子们要学习与书本、与作者对话，那么，我们可否这样说，倾听和交流也是一种阅读能力？

当我们仔细倾听别人的观点和意见时，就是在"阅读"，阅读一个人的思考；我们用语言和别人交流时，也是一种"阅读"，边表达，边阅读自己的思考。所以当我们在让学生大量地各种阅读时，也应该知道，阅读是一个动态的过程，倾听和交流，可以促进阅读走向深入。

语文课向来重视"读写"而轻"听说"，其实语文能力四位一体，没有好好培养学生倾听的习惯和能力，就无法要求他擅长交流和表达；如果学生不会"听"也并不会"说"，那又怎样能通过交流去提升他的阅读理解能力？一个优秀的写作者，必然有丰富的内心，必然会用心倾听这个世界。

也许，我们在培养学生语文能力的时候，可以少一些狂轰滥炸的问题，少一些形式繁多的阅读单，少一些教师的舌灿莲花，多一些对学生说："说来，听听；听听，来说。"

如此，甚好。

Chapter 4

评课就是评自己

"笨笨"的语文课

——于永正老师《"番茄太阳"》教学片段赏析

于老师一直是我的老师。

于老师所上的几十节经典语文课，就像一轮轮"番茄太阳"，一直挂在我记忆的天空。

《草》《小稻秧历险记》《水上飞机》《梅兰芳学艺》《于老师印象记》《歇后语编故事》《考试的故事》……每一课，都那样鲜明地打上了于老师的印记。它们，如陈年老酒，越品越香，亦如艺术上品，历久弥新。

但后来，我有一个强烈的感觉，于老师的课，越来越"笨"了——他的课，好像，不如以前的那样"好看"了。惟妙惟肖的表演，没了；幽默风趣的对话，少了！他就那么让学生读读书，写写字，自己也读读书，写写字。偶尔，引导学生想一想，讨论讨论。于老师，仿佛把过去赢得老师们阵阵掌声的"武功秘籍"给丢了。《第一次抱母亲》《高尔基和他的儿子》《"番茄太阳"》等课，都给人这样"笨笨"的感觉。

不信，我们来看他的《"番茄太阳"》课堂片段——

师：于老师写课题时少了一个标点符号，知道是什么吗？

生：（齐答）双引号。

师：（在课题上补充双引号）引号有什么作用呢？（投影出示引号的四个作用：一、表示引用；二、表示强调；三、表示有特殊含义的词语；四、表示讽刺、否定。）

师：好，看黑板，目光转移到这儿来。（手指板书的课题）这里的"番茄太阳"加了引号是表示什么？

生：是表示有特殊含义。

师：同意的请举手。（生纷纷举手，示意发言的学生）在这里加上双引号，显然是表示有特殊的含义。那么，它有什么特殊的含义呢？请大家默读课文，读到有加引号的"番茄太阳"时，把它画下来。

（生默读，画句子）

师：读书一定要学会做记号，一旦做上记号就说明文章的重点词语、重点段落，你已经掌握了。第二步，是思考。看它前后的语句想，加批注是最重要的，因为批注记录的是你的理解。一共有几次出现了"番茄太阳"，每一处"番茄太阳"它有什么特殊的意义？想好了，用笔把你想的话写在这句话的旁边。

（生作批注，师巡视学生作批注）

师：已经写好的念一念，看你写的自己满意吗？还有需要修改的地方吗？

师：好，请坐端正！眼睛看于老师，刚才我认真看了几位同学作的批注，有的同学写得非常好，说明他把引号的含义读懂了。咱们交流一下，把你作的批注读给大家听，然后我也把自己作的批注念给你们听。课文里一共出现了几次"番茄太阳"？

生：（齐答）三次。

师：第一次出现在哪儿，谁来读？

（一生读）

师：好，读得真棒！把你的理解念给大家听。

生1：这个"番茄太阳"是明明给太阳起的名字。

生2：明明虽然看不见太阳，但是他心里的太阳就像番茄一样红。

178

师：我特别欣赏你这两个字——"心里"，是明明心中的太阳。还有别的批注吗？

生3：那不是真正的太阳，而是运用了比喻。

师：运用了比喻，是的，我欣赏"比喻"这两个字。

生4：明明虽然看不到太阳，但心中的太阳像番茄一样红！

师：看老师怎么写的。（投影批注）谁来替我念？

生：这里的番茄太阳是指明明想象中的太阳，是明明心中的太阳。

师：同意吗？（齐答：同意）所以，我欣赏刚才第二个发言的同学的两个字——"心中"。这里的番茄太阳是指明明心里的太阳，想象中的太阳。

师：第二次"番茄太阳"出现在哪里？谁来读？

（一生读相关句子）

师：很显然，这里的"番茄太阳"指的是——

生：（齐答）明明的笑脸。

师：但是，得到答案不是我们的目的，我要问的是，为什么作者要把明明的笑脸比作"太阳"？

生1：明明的笑脸带给了作者愉快、高兴、温暖。

生2：因为明明的笑容就像太阳一样给作者带来了温暖、光明和快乐！

师：温暖、光明和快乐。这三个词从哪读懂的？哪个地方告诉我们明明的笑脸带给作者温暖？

生：（读）"每次我看到这一幕，我的心就觉得温暖起来。"

师：每次看到这一幕，她的心就觉得温暖起来。一起把这句话读一读。（生齐读）把明明的笑脸比作太阳，就是因为她像太阳一样给作者带来温暖。这一点你从哪句话看出来的？

生：（读）"'接连下了几场雨……是啊，太阳总算出来了。'我说。"

师：一起读读这两段话。（生齐读）亲爱的同学们，作者为什么把明明的笑脸比作太阳？就是因为明明给她带来了光明，带来了温暖，带来了欢乐，带来了好心情，像天上的太阳给人们带来温暖、带来好心情一样。记住，读书要（板书）联系上下文。（师引读）读书要——

生：（齐读）联系上下文。

师：为什么这个地方我让大家反复读？现在明白我的用意了吧？你看，书的味道在字里行间，你不仔细地读，不反复地去读，不用心去想是体会不出来的。第三次出现在哪里？

生："红红的'番茄太阳'一直挂在我的心中，温暖着我的心。"

师：从"那个正午我坐在窗口"开始读。（生完整地读最后一个自然段）这里的"番茄太阳"又有什么含义？它又告诉我们什么？谁来读读写的批注？

生1：明明带给我的爱、快乐和温暖一直留在我的心中。

生2：作者把明明的爱心比作"番茄太阳"是因为明明的爱心给她带来了温暖。

师：对！这里的"番茄太阳"指的是明明的一颗爱心，是明明的爱心感动了作者。于老师怎么体会的想不想知道？（投影批注）谁替我念？

生：（读）"此时，番茄太阳不只是明明的笑脸，而是明明的爱心。明明的纯洁的爱，感动了作者，也感动了我们。人类正是有了这爱的传递，才有了文明的今天。"

师：于老师比你们多读懂了一个词，叫"传递"。你看，好心人把眼睛送给了明明，明明长大后，要把她的双腿献给作者，这就是爱的传递。人类正是因为有了这爱的传递，才有了文明的今天！亲爱的同学们，记住，书是读懂的，它的味道是读出来的，是思考出来的。

师：这一课有9个字要求写的。

（大屏幕出示9个生字：茄、盲、碌、蔬、戚、脆、屋、捐、献）

师：写字先读帖，即认真观察，记住字的结构，每笔在哪起笔，在哪儿收笔。大家边看边书空。（学生观察、书空）接着描红。请在书上，把9个生字描一遍。（学生描红）第三步，临帖。这九个字中，有四个难写规范。

（屏幕出示）戚　　　盲　　　屋　　　献

（老师请四位写字好的学生到黑板上分别写这四个字，逐一评点，并逐一范写。老师边写边告诉学生，"戚"的斜钩，上、下都要长一些，而且写得要有弹性；"盲"的第二笔——横，要写长；"屋"的"尸"字头写小些，这个字整体看来，像个梯形；"献"的右边一横起笔要低，竖撇，上面要高。范写后，再请全班学生临写这四个字。）

师：同学们，字一定照字帖写。字是照着字帖练出来的。

（下课）

这样的教法，的确够"笨"的！

在这个片段中，于老师只做了两件事。第一件事，和学生一起，围绕着课文中出现的三次"番茄太阳"写批注，师生交流批注；第二件事，老老实实写生字。整节课，甚至连一个问题都没有。简单得不能再简单，"笨"得不能再笨。

然而，这看似"笨拙"的课堂，值得细细玩味的东西却很多，很多。

第一，高质量的示范，是最好的教学方法。

于老师在很多场合说过"教育的第一个名字叫'影响'"。用什么影响？用教师对语文的热爱，用高质量的示范，去影响学生。在这个教学片段中，于老师向学生示范了什么？

首先，关注文本独特的表达方式。于老师在学生充分朗读的基础上，让学生关注课题当中引号的用法，进而关注"番茄太阳"在课文中出现几次，并想一想每次出现的含义有什么不同。表面上看，这环节信手拈来，实则匠心独运。于老师用这样的示范，告诉学生，学语文，就要关注特别的表达。这暗合了2011年版新课标提出的语文是"学习语言文字运用"的理念。于老师没有刻意向学生传递任何语文知识和写作技法，但"借物喻人""象征""一唱三叹"等写作知识、技法的渗透，如羚羊挂角，无迹可求。

其次，培养"主动钻研文本"意识。2011年版课标，特别强调"学生是语文学习的主体"，要引导学生"主动钻研文本"。这些理念，其实并不新鲜，甚至连刚毕业的老师都能说得出来。但真正在课堂上，把时间和空间还给学生，让学生潜心会文、"主动钻研"的老师，有多少？太多的公开课，我们看到的，是老师设计一个个精心圈套，"循循善诱"地让学生走进老师的思维陷阱中。于老师没有这样做，他把课堂时间还给学生，用了五六分钟时间，让学生静静默读，用心批注。表面上看，这五六分钟，课堂很安静。但这静，是"静水深流"，学生的思维，在"暗流涌动"。当然，仅仅让学生交流批注，还不值得我们赞叹。每次学生交流后，于老师都用自己规范而秀逸的圆珠笔批注，向学生做了精彩的示范——字，要这样工工整整地写；批注，要联系上下文进行。

高质量的示范，最好的教学方法！

于老师为何如此重视示范？他在一次教后感言中说："为什么有人说'大德无形，大教无痕'呢？这个影响就是无痕的教育。老师是一本书，是一本无字的书，学生天天都在读。这个无字的书就是'影响'。所以我要求自己板书尽量做到工整规范，朗读尽量做到正确流畅有感情，我写的下水文尽量成为学生学习的范文，哪怕一个标点符号的运用我都很讲究的。我要让自己的书写，自己的朗读、下水文，告诉孩子们我是怎样学习的。榜样的力量是潜在的，但是也是巨大的。"

第二，语文教学要回归本体，回到常识。

从新课改开始，小学语文教学风云瞬变，老师们沉进了众多的泥潭之中。新课标提出"自主学习"，吓得老师们课堂上不敢说话；而后又倡导"人文性"，于是老师们觉得每篇文章似乎都是那么意味深长；后来又提倡加强"工具性"，于是有些非常清楚明白的话非要去琢磨如此这般写法的好处。

于是，我们的语文课越变越繁复了。很多公开课，以"唯美""创新"为最高的追求，在这种"唯美主义"思想的推动下，于是，我们的课堂越来越美、越来越新了，语文公开课，简直就是一场"唯美""唯新"的盛宴。近年来，这样的"唯美课堂"在语文教学界，尤其是小语界，有愈演愈烈之势。我们的语文，教得越来越吃力，越来越烦琐。语文，太闹腾了，闹腾到一线的老师都觉得自己不会上语文课，拿起语文书都觉得有些手足无措了。

这些乱象，说明了什么问题？

语文的"常识"严重缺位了！

什么是常识？《现代汉语词典》解释是："普通知识。如政治常识，科学常识，生活常识。"用生活语言来描述，就是：做食品不能下毒，开车不能闯红灯，看到有人触电不能用手直接去拉等，常识是老少皆知的。那么，小学语文学习的"常识"是什么呢？"写好字，读好书，写好文"，这是于老师最近几年在课堂上讲得最多的话。

这么简单的九个字，难道大家不懂？为何于老师要一再强调？于老师曾说："我现在七十岁了，是带着一种责任来上课，一种强烈的责任感。我觉得我们语文教学闹腾得太厉害，喧闹，喧闹得太厉害了，现在应该趋于平静。包括我的课，我以前的课也是很热闹的，现在应该给青年老师一个很好的引领。这个'平静'首先要从我自己做起。"

这番话，让人肃然动容。

于老师这节课，实践了他的主张，他用他的"平静"，帮我们重温常识：语文课，就是做语文的那些事儿。

在这个教学片段中，于老师不止一次地念叨着"书是读懂的，它的味道是读出来的，是思考出来的""字一定照字帖写，字是照着字帖练出来的"。

这"思考"，这"照着写"，简简单单，没有任何奥秘。但是，很多老师，不仅视而不见，而且买椟还珠，把最有效、最值得继承的东西给丢掉了。以至于，我们的语文，成了流浪的孤儿。

于老师这节课，很简单。检查预习——读书——写生字。

读书分为两个层次。

第一个层次，是朗读。引导学生走进文本，把自己当作课文中的"我"，移情体验，读出感情。

第二个层次，是默读。引导学生再次走进文本，深入思考作者为什么要这样表达，跳出文本，读出味道。

第一个环节，是感性的，是走进文本；第二个环节，是理性的，是走出文本。

无论是走进，还是走出，都靠读。边读边想象，边读边思考。因为舍得给时间，因为示范得当，所以，学生读得动情，悟得深入。

至于"照着写"，也有两个层次：一是"照着"于老师那样批注，二是"照着"生字表那样写生字。扎扎实实，有板有眼。

于老师用朴朴实实的课，告诉我们，语文学习，没有太多技巧，最需要的，就是"回归常识"。语文教学，没那么多创新的东西，坚持不懈地把常识贯彻到底，不断地实践"书是读懂的，它的味道是读出来的，是思考出来的""字一定照字帖写，字是照着字帖练出来的"，我想，我们的语文就不会教得太差。

愿更多的老师都来上这样"笨笨"的语文课。

《归园田居》与《瓦尔登湖》的相遇

——听干国祥先生教古诗有感

　　好友金铭多年前曾一再推崇，干国祥先生上的《归园田居》是其所听过的课当中最好的。

　　此课好到什么程度？用金铭自己的话来说，"课后一小时没有说一句话，当天中饭都没有吃"——因为一直沉浸在课带给他的震撼中。金铭读课多矣，一般的课自是难以让他有如此的感触，此课一定有其独特之处，我想。

　　于是从金铭处拷贝干先生的课，等心静下来了，再虔诚地打开聆听。

　　看课前，我先做起了预习功夫：找来陶渊明的《归园田居》研读，试着对诗有自己的"前见"。诗不深，很好懂。如何让初二年级的孩子理解此诗的意蕴，想必是学习此诗的难点。干国祥先生是如何带领孩子们走进陶渊明的诗歌境界的呢？

　　带着这个悬念，我开始了观课。

　　课的前半部分，干老师由交代背景开始，将《归园田居（其一）》做了解读，让学生明白陶渊明归隐山林的缘由——为了挣脱羁绊心灵的藩篱，回到大自然中，做心灵的主人。接下来释词，梳句，朗读。经过了20分钟的稍嫌平淡的课堂之后，精彩开始了。干国祥先生设置了好几层冲突，让看起来有些平淡的课堂，起了波澜。

　　"这首诗写的是不是一个农民的勤劳生活？"

这一问，将孩子们的认识提升了一层，因为对于孩子来说，这首诗很容易被误读成歌颂农民的勤劳生活。干老师抓住关键词句，让孩子们明白，诗所描述的是一个厌倦官场渴望回到大自然的士大夫回归田园的情形。

而接下来的问题，则是本课最为关键的一问："那么，我问同学们，你赞成他这样的生活方式吗？这样的诗在今天学，有着怎样的意义？"

妙哉！此问击中要害。今天，我们学习《归园田居》，究竟有什么意义？

干老师不愧为高手，他借助一个八卦图，让孩子们充分选择，并讨论。学生开始积极思维，有说学这首诗没有多大意义的，有说有意义的。经过师生的讨论，孩子们达成了"临时性共识"——陶渊明那种不为世俗生活沾染、追求心灵自由的思想，是值得我们永远学习的。在此基础上，干老师提到了美国的梭罗和他的《瓦尔登湖》，然后总结出他们的精神境界：清洁思想，朴素生活，后来干国祥先生还"以己证诗"，把自己十几年筚路蓝缕行走在语文路上的历程，与陶渊明的行走方式，做了比照。干老师一大段的独白，将课推向高潮。

看至此处，我不禁拍案叫绝！

听了干国祥先生的《归园田居》，回想《瓦尔登湖》所描述的世外桃源般的风景，我不由陷入沉思。

《瓦尔登湖》是我近日正在重读的一书。读完梭罗的美丽文字，一股清凉的湖水仿佛汇入心间，澄澈见底，将心境荡涤得如一泓秋水，不染纤尘。梭罗说："来到这片树林是因为想过一种经过省察的生活，去面对人生最本质的问题。"

在这个功利主义尘嚣甚上的后现代社会里，人类现代文明改造和穿越自然环境之前，是否也该多一些自省与自察？每一个身处繁华都市忙碌在名利场的行色匆匆的人，是否也该多一些追问和反省？因此，从这个意义上说，《归园田居》和《瓦尔登湖》一样，既是属于文学家的，也是属于每个人的，既是属于古代的又是属于现代的。

由此，《归园田居》和《瓦尔登湖》在阅读中有这样的一种必然的相遇，那就是世俗功利向心灵自由的回归。

陶渊明和梭罗一样，原是个要在人世有所作为而不是个出世的人，然而在官场打滚，或是生活中磨砺之后，他们感到人世扰攘，荣华富贵、花团锦簇，不过是一个人满足基本生活要求之外的奢求。对于他们来说，一间房子，一些种子，一把锄头，一艘船，就可以过人类基本的生活了。

今天，我们观照陶渊明和梭罗的这条起伏的心灵历程，不知能否多一分彻悟。在一切都讲实惠的年代，要一个人对生活无所求，那是近乎苛刻，但对"所求"多一些节制，力求做到"清洁思想，简朴生活"则是理性的自觉诉求和可能抵达的愿景。我们无法也无须戒绝对生活的"所求"，但同时是否也该适度地以出世的精神来面对这个琳琅满目的世界。在越来越讲究生活的奢华与物质享受的今天，我们心灵的罗盘是否可以继续执着地指向简单和质朴。因此，奔走在灯红酒绿处，穿行在钢筋水泥间的人们啊，读一读《归园田居》《瓦尔登湖》，让身体与豆苗野草亲密接触，让心灵沾染那一泓湖水的静谧清凉，多一分恬淡与洒脱，少一分浮躁与喧嚣，这不是追逐时髦故作风雅，而是心灵回归的必然。

"在心灵的各种存在形态中，平和宁静乃是其存在的完美状态。只有心灵处于这样既不盲目进取、也不消极无为的雍容沉着、不为外界的纷扰而波动的状态，我们才能在任何境遇下泰然处之。"

蒙田的话，干国祥的课，梭罗的书，值得我们思索一辈子。

钱锋的"野心"

——读《所见》教学实录之随想

1

钱锋这两节课，很是另类。

如果用"语文味"或者古诗教学的习惯套路去解读，你会发现，你好像进入迷宫，看不清这两节课究竟是不是语文课，更别提是不是好课。

一年级的《所见》，总体上来看，还有语文课的影子；而五年级的《所见》，似乎做了很多语文以外的事情。

再琢磨设计理念和教学目标，你会更吃惊于这两节课的另类——

"文化意象""项目学习""周知万物""语文灵性""全课程教学""蝉文化"……一系列"高大上"的词语，密集地出现在他的教学中。这样的表述，不得不让人疑惑：一节课，能被赋予这么多的意义吗？

读了他的教学实录，也许你会发出这样的感叹：钱锋老师，你野心不小！

你一定会同意我的看法。

2

但是，且慢——

如果你读了《听万物歌唱》以及《所见不见，是蝉非蝉》两篇文章，你就会明白，这不是两节孤立的课，而是他"万物启蒙"课程中的一个横断面。正如他约请我写课评时，在短信中和我说的——"两节课，无法呈现我的课程全部"。

我以为，走出钱锋课的"迷宫"，有两条通道：一条通道，是他所在的北京亦庄实验小学的"全课程"教学实验；另一条通道，是他近几年一直在做的"万物启蒙"课程。

他到亦庄实验小学做的第一个课程"石头记"，一个周期就整整60天。

在这两个月里，学生有时在教室里摸石头、敲石头、玩石头游戏，有时则在公园、博物馆游学，有时念绘本《石头汤》，有时在石头上画画，有时讲石头的文学和历史，有时看电影《疯狂原始人》……

由"石头记"开始，钱锋依次开发了"竹""蝉""明月""茶"等系列"万物启蒙"课程。

他的课程，有时，呈现为一种环境。在教室走廊的地面，钱锋做了一条中国历史时光轴，让孩子每天走在大地上，知道自己的前世今生。这是他的"历史步道"课程。

他的课程，更多表现为一种"博大"。他的课，是汪洋恣肆的。在去年结课的"竹"课程文学板块，他讲到竹林七贤，讲到魏晋风度，大量引用了包括《世说新语》在内的原文。他讲王维的《少年行》，延伸到盛唐历史、中国侠文化源流。

3

读到此处，相信你快抵达迷宫出口了。

《所见》，是他去年开发的"蝉物象课"的其中一个点。在《所见不见，是蝉非蝉》一文中，钱锋从袁枚的《所见》一直追溯到《诗经》的"五月鸣蜩"，同时也讲到法布尔《昆虫记》里的蝉。他还分析了东西方文化中，对于蝉的不同姿态。在这篇文章里，关于蝉的林林总总，仿佛信手拈来，又那样博大精深。读着这样的文字，你仿佛走进了蝉博物馆。但是，教学中，我们看到钱锋并没有卖弄自己的才识，而是根据不同年段的特点，预设截然不同的教学板块，让学生经历自主探究学习，以儿童自己可以接受的方式，走近蝉，了解蝉。

一年级的课，经历了"初相识——再相识——不相识"的学习过程：从"听见"和"看见"两个角度教学"牧童骑黄牛，歌声振林樾"；从"直观"和"想象"两个角度教学"意欲捕鸣蝉，忽然闭口立"。再拓展观看关于蝉的知识，引出蝉的项目学习，引导学生初步感知蝉的文化。

五年级的课，钱锋尝试用这个时代的小孩所喜欢的、能接受的、国际通行的项目课程的方式架构一条中国文化的启蒙路径。将《所见》与法布尔《昆虫记》中的蝉，整合成新的学习文本，领着学生经历"自主——合作——探究"的全过程，梳理从具象物质到文化意象的发展脉络，同时培养学生搜集信息、整合信息的能力。这节课，钱锋把学习的主动权，完全交给了孩子们。课堂上，他依然没有把他自己所了解的关于蝉的物象文化，一股脑儿塞给孩子们。

"我有一个基本观念：不会去穷尽某物，很多东西是没法全部教也没必要小学就教的。"钱锋说。

再以"石头记"课程为例，他说："我们不会讲西西弗斯的推石头。它在西方文化也是一个重要意象，但跟中国文化没有关系。若干年后，这个孩子到中学，如果他看到加缪的文章（注：加缪在《西西弗斯神话》中借用西西弗斯推巨石上山的神话描述了现代人面临的存在困境——荒诞），他会想到中国的石头：《女娲补天》中的那块五色石、《西游记》中的东海石猴、《红楼梦》中的通灵宝玉……而我现在所做的启蒙会给他一种联系，但是否能够开启则是一种机缘。《易经》说蒙以养正，我始终相信，这正是靠他后来自己养的。启蒙只是给了他这样一种眼界，或一个世界的轮廓。"

中国传统文化说"惠养万物"，讲人与物的"生生不息"，把人和世界作为一个整体对待，就如鸟兽草木虫鱼，人与它们之间也有一种亲敬。钱锋的"万物启蒙"课程的核心理念，就是他经常说的"全课程，就是讲人和万物相处的方式"。

钱锋选择一系列具有中华文化意象的事物，开启了他的"万物启蒙"课程。他要用自己的努力，对儿童进行常识的启蒙、文化的启蒙、思维方式的启蒙。

从这个意义上说，钱锋的"野心"确实不小。

呵护儿童的言语生命

——听王文丽教《风筝》

1

我始终以为，一个优秀的语文老师，必得有高品位的语感，并以自己的语感来唤醒学生沉睡的审美感觉和悟性。一个语文教师光有言语之爱还是不够的，他还必须具备较强的言语感悟力和言语感染力。优秀的语文教师应该是言语奥秘的探索者、解密者、创造者，是学生亲近语言、热爱语言的引领者。语文教师理应凭着自己对语言的独特的感受，带领学生走进语言的精微隐秘的深处，指点学生发现并欣赏琳琅满目的语言世界，进而将自己的言语睿智传递给他们，唤醒他们沉睡的言语感觉，点染他们的言语悟性和灵性，使他们逐渐获得言语领悟能力和创造能力。正如潘新和教授所说："语文教学是一种言语感觉和言语智慧的传递，是用教师的言语感悟和言语睿智，唤醒鸿蒙未启的学生的言语灵性和悟性。一个缺乏言语感悟力和感染力的教师，是无法敲开学生的言语心智法门的。"从教学过程的推进来看，王老师确实是一个有着很强的言语感悟力和感染力的老师。

这种感悟力和感染力，首先来自她对文本的生命化感悟和个性化处理。王老师对于文本的解读是深入的，她的解读，融入了自己对生命的体验，她将自己整个打开，全然进入文本，让文本获得了新生。王老师心中的风筝，不仅仅是贾平凹笔下的那只风筝，而是熔铸了王老师全部人生阅历的全新的风筝。这只风筝，是放飞着"希望、自由、幸福、理想、快乐和童真"的风筝。因着这样的理解，王老师对文本中的一些细微的地方，才有了敏锐的洞见和发现。也因为有了这样的洞见和发现，王老师才得以以对话参与者的身份，引领孩子们去发现风筝的意义。

这种感悟力和感染力，还来自王老师高超的点化艺术。王老师深谙学生言语生命生长的规律，她深知，言语生命的生长，是一个从自为到自觉的过程。在向着自觉的途中，往往需要适时的唤醒和点化。王老师在《风筝》一课的教学中，扮演的就是唤醒和点化的角色，而不是教化和教导。我们看到，她引导孩子感悟"孩子们放风筝的心情"时抓住一些很富有感情色彩和温度的词语（如翩翩起舞、羡慕等），让孩子们反复揣摩体悟，从而带领孩子们走进同龄人的情感世界，让孩子们和课文中的孩子一起享受风筝带给他们的快乐。我们又看到，王老师将自己和网友之间的一只"网络风筝"放到了课堂上，当"小青"老师的那首诗出现，当诗的主人——王老师的网友"小青"老师亲临现场，孩子们一下子对语言，对风筝，有了最为真切的体验。他们读懂的不只是风筝的故事，而是人间最美的友情。我们还看到，当王老师对孩子们说："看来，每个人对风筝都有着独特的感受，有着独特的解读。那么，属于你自己的风筝上又书写着什么呢？接下来请你们在纸上写下自己对风筝的理解。"只轻轻一点，孩子们酝酿已久的情感便喷涌而出，饱含着真情和诗意的话语也就汩汩流出。

《风筝》一课书的教学，王老师以自己对言语的感悟力和感染力，实现了对言语生命的启蒙，对言语感觉的启悟。这一切都有赖于教师亲身的读写活动，有赖于教师和学生之间的读写经验的感性互动。教师用自己的读写活动中的体悟，唤醒、催动学生言语灵性和悟性的生发，促进他们言语生命意识的自觉形成，实现了师生间言语生命的对接。这种对接，靠的正是言语感悟力和感染力的召唤和回应。

2

风筝，是一件游戏器具；风筝，是一个文化意象。对孩子来说，放风筝，无比快乐；对成年人来说，放风筝，显得那样的风雅。风筝维系着友情亲情，风筝寄托着对往事的怀恋，对未来的憧憬，对自由的向往，对幸福的追寻。不同的心境，不同的年龄，不同的身份，对于风筝的理解是不一样的。小小风筝，意蕴无穷。因此，在本课的教学中，如何引导学生去建构他心中的风筝，使得风筝这个文化意象在他们的脑际鲜活起来，丰盈起来，这当是教师应该着力思考的一件事。

解释学派哲学家加达默尔认为，理解不是一种主体对客体的认识活动，而是理解者与理解对象之间的一种视野融合。加达默尔对理解的解释告诉我们，理解一个文本，决不能像自然科学那样，去追求文本的客观意义，而是以我们的自身情境和"前见"（也叫前理解）去参与文本意义的建构。阅读教学的过程，是教师和学生一起生发文本意义的过程。文本的意义，只有在学生、教师、编者（作者）、文本之间的对话与视野融通的过程中，才能得以生成。这种生成，是阅读主体从各自的视野出发的，一起参与，逐渐达成融合的一个动态的过程。在本课的教学中，王老师始终站在"视野融合"的高度来处理文本，通过巧妙的整合，最大限度地开掘了文本的文化意蕴，使得整个课堂充满文化张力。在"视野融合"上，王老师着力于如下两个层面的处理：

其一，重视文本视野和学生视野的融合。阅读就是一种理解，而"一切理解，都是自我理解"。因此，阅读，既是对世界的理解，也是对自己的理解。阅读文本，就是在阅读世界，发现世界，创造世界；阅读文本，也就是在阅读自我，理解自我，体验自我。因此，阅读教学，就是对世界的洞察，生命的提升，灵魂的唤醒。王老师在处理文本的时候，"理解"

的层次非常清晰：古诗中的风筝——贾平凹笔下的风筝——民歌中的风筝——网络中的风筝——鲁迅笔下的风筝——学生自己的风筝。这一系列文本的呈现多而不乱，由浅入深，由远而近。学生在这么多的风筝中，走进了不同的心灵世界，感悟到了不同的风筝情怀。文本渐次呈现的过程，就是学生与文本视野多重融合的过程。在这个过程中，学生向文章完全敞开，把自身的体验融入文本的生活表达中。学生对风筝的理解，逐渐由物质升华到精神。这种理解，是真切的，鲜活的，立体的，多维的。

第二，教师与学生在对话过程中逐步达成"视野融合"。这种融合，表现为"教"与"学"、"学"与"学"之间的对话、沟通与视野的融合。因为不同的阅读主体之间存在着相互沟通与交流，对文本的理解、人与人之间的相互理解才成为可能。因为不同层次的人的学识和"前见"的不同，阅读教学中才会产生众声喧哗、多元并存的分歧与争论，这种多层次的智慧碰撞与生命经验的共享，不但达成师生之间的视野融合，而且推动文本与学生、学生和学生的多重视野的重建与提升，从而由个体的特殊性升华到更高层次的普遍性。在《风筝》一课的教学中，王老师始终将自己作为对话的一分子，而不是裁判者，始终平等参与着对"风筝"的理解，建构着"风筝"的意义。课堂上，孩子们对风筝的理解是多元的，孩子们不断地发现，风筝上蕴含着亲情、思乡、朋友情、爱国情……正是因为有了视野的不断融合，孩子对风筝的理解，由肤浅走向深刻，由平面走向立体，由物质走向精神。他们的感悟，甚至超越了教师的预设。

《风筝》一课，因为有了多重视野的融合，显得充满文化气息，显得大气而厚重。

3

语文教师承担着不仅仅教会学生知识，而且要帮助学生建构精神家园的重任。因为一个人毕其一生，除了建构物质家园，还要建构精神家园。人之所以成其为人，就在于他有精神上的追求，有向善的良知，向美的情怀，向真的思想，有超乎于现实功利之上的道德、理想、信念，有对人自身的精神抚慰、终极关怀以及自我实现的需求。人们为此不避辛劳、殚精竭虑、鞠躬尽瘁、死而后已，目的就是要为自己建造一个精神生活的寓所，唯有精神的家，才是人类真正的归宿。因此，作为孩子们语文学习的引领者，我们要重视儿童精神家园的建设。这种建设，不是架空地喊口号，而是要借助于言语活动进行。因为人类的一切精神财富，人类的思想与情感、智慧与文明、知识与能力，都要借助语言得以表达与承传。海德格尔说："语言是存在的家。在其家中住着人。"因此，语文教学，要让孩子们成为"家的主人"，要追求语言与精神的同构共生。

首先，王老师着力于"大文本"的构建，在理解文本的过程中，引导学生建构风筝的意义。风筝是什么？表面上看，答案非常简单，但是风筝中寄寓着非常丰富的内涵。这些内涵，王老师不是去告诉，而是借助一个又一个小文本组成的"大文本"，创设一个又一个情境，通过对语言文字的推敲涵泳，在一次又一次的朗读分享中，让孩子们自己去发现。孩子发现风筝意义的过程，也就是其精神家园建构的过程。这一过程展开得充分而饱满。通过读书，孩子们感悟到，这是一只"希望、幸福、理想、快乐和童真"的风筝；通过写话，孩子们感悟到，风筝中蕴含着的"亲情、友情、乡情和爱国情"。

其次，王老师水到渠成地创设了写话情境，让孩子们在抒发情感中获得精神与语言的同构。本课教学高潮不断，而将气氛推向最高潮的，当数最后的写话环节。孩子们用语言表达自己的感悟，建构着心目中的美丽风筝。听着孩子们那一句句非常深情而饱含诗意的话语，如果不是亲临现场，你简直难以相信这些话语出自五年级的孩子之口。此时此刻，孩子们完全走进了文本，完全融入了课堂，他们在学习，更是在放飞着最美丽最圣洁的风筝——这风筝，是属于每个孩子自己的。

正像《风筝》一文所言，风筝就是一只"幸福鸟"。王老师是在上课，也是在和孩子们一起放飞着一只只美丽的"幸福鸟"。

愿美丽的"幸福鸟"放飞在每个人的天空！

教学实录

师：今天我们来学习一篇课文，题目叫作《风筝》。（板书课题）古往今来，有很多文人墨客书写过有关风筝的文字，我们先来读读这样两首古诗：（出示文字）

生：（齐读）"草长莺飞二月天，拂堤杨柳醉春烟。儿童散学归来早，忙趁东风放纸鸢。"

师：这里面没有写到风筝啊？怎么老师说这首诗也是写风筝的呢？

生：这首诗里面说"忙趁东风放纸鸢"。"纸鸢"就是指风筝。

师：你说得真好！联系上面的句子看一看，这是说孩子们放学回来得很早，于是——

生：（齐读）"忙趁东风放纸鸢。"

师：好。我们再来读第二首。

生：（齐读）"春衣称体近清明，风急鹞鞭处处鸣。忽听儿童急拍手，松梢吹落美人筝。"

师：能读懂吗？

生：能！

师：孩子们为什么着急地直拍手啊？

生：因为他们的风筝被风吹落到树梢上了。

师：这是古人诗句中的风筝。我们今天学习的这篇课文题目就叫《风筝》。谁能大胆地猜测一下课文可能是讲什么的？

生：可能是讲风筝的样子和用途。

师：你猜测这是一篇说明文。

生：讲了和风筝有关的一个故事。

师：你认为更侧重于叙事。

生：讲了风筝的制作过程。

师：还有其他的想法吗？

生：我认为这篇课文写的是一个流浪的孩子，非常思念他的母亲。他在风筝上写下自己的心愿，然后放飞风筝，让它替自己去寻找母亲。

师：啊呀，一只小小的风筝就引发了你这么多多情的遐想，那么，这篇课文到底讲的是什么呢？现在王老师把课文发给大家，请你认真地读一读，遇到不认识的字查查字典，或者问问老师和同学，把课文读通顺，看看课文到底写什么了？

【点评：王老师的导入非常别致。第一，教师以写风筝的古诗引入，让孩子们通过对"忙趁东风放纸鸢""忽听儿童急拍手"等诗句初步理解，获得关于风筝的感性知识：风筝也叫"纸鸢"，风筝一般在春天放，风筝带给人们无穷的快乐。这样的引入，比单纯向孩子们介绍风筝来得高妙！第二，通过古诗这个引子，引出《风筝》这篇文章，进而让孩子通过大胆预测，调动他们的经验储备，诱发他们的阅读期待，在很短的时间内使学生对文本产生强烈的探究欲望。第三，更为巧妙的是，王老师用古诗为下文的理解埋下了伏笔。在课的中间，王老师用引课时的诗句来加深对文本的理解，这种古今对照，互文参读的策略，非常高明！】

（学生拿到课文，自己小声练习读）

师：（行间巡视，不时回答孩子们提出的问题）有同学提出来这两个字不认识，看黑板。（板书：憧憬）谁知道什么叫"憧憬"？

生：憧憬就是对美好生活的向往。

师：回答得非常准确。这两个字都是竖心旁，看来跟心情有关，表示对美好生活的一种向往、神往。

199

师：还有同学提出这个字不认识，（板书：倏）这个字念"shū"，它表示什么意思呢？

生：（摇头）

师：等一下我们在学习课文的时候，可以通过联系上下文来理解它。好，下面我们来请几位同学分自然段读课文，其他同学认真思考：这篇课文围绕着风筝主要讲了什么？

（指名学生分自然段读课文，引导学生联系上下文理解了"倏"的意思，教师相机评价。）

师：我们没有接触到课文的时候，大家预测了很多课文可能写了什么，现在我们已经读过课文了，谁能用一句话说说课文主要讲了什么？

生：课文主要讲了"我"和小伙伴们一起做风筝，放风筝的事情。

师：你是从哪儿找到了这个答案？

生：课文的第一自然段说"童年的时候，我们这些孩子，最大的快乐就是做风筝，放风筝"。

师：真好，你真会发现。（打出文字投影，师范读了这句话）你们从哪儿可以看出来作者在童年的所有回忆当中情有独钟的就是做风筝、放风筝呢？

生：因为作者说那是"最大的快乐"。

师：你体会得真好，请你们自己练习读一读，读出作者对风筝的感情。（学生练习读，教师指名汇报，通过评价来进行感情朗读的指导。）

师：这句话概括了课文的主要内容，同时还有另外一个重要作用，因为我们发现，它还领起了下文。接下来的课文很自然地就记叙了作者他们做风筝和放风筝的情景，你能试着给课文分段吗？

（学生默读课文，分段标画，指名汇报，教师有意设疑，提出找风筝是否应该独立分为一段，在学生的辩论中达成共识——找风筝的过程也是放风筝这美好游戏的一部分。）

【点评：尽管《新课程标准》已经不提分段，但是对于有些结构分明的课文，抓总领句或过渡句进行分段，有助于培养学生的思维能力，有助于帮助学生梳理文章脉络。王老师不避讳分段，用比较短的时间，让学生抓总领句，很快就让孩子们在整体上把握了课文的思路。可谓"提领而顿，百毛皆顺"！】

师：你觉得作者在做风筝和放风筝的过程中是一种怎样的心情？你从哪儿可以体会到他的心情？请你再一次默读课文，把你能够体会到作者情感的句子画下来读一读。

（学生默读，进行标画，练习朗读，反馈交流。）

师：谁来给大家读一读你体会到作者情感的句子。

生："我们精心做着，心中充满了憧憬和希望。风筝做好了，却什么也不像了。我们依然快活，把它叫作'幸福鸟'，还把我们的名字写在上面。"

师：（出示相关文字投影）你能够结合自己的理解，把"精心"换一个词语吗？

生：用心。

生：认真。

生：专心。

生：一心一意。

师：我们用心、认真、专心、一心一意做着的是一只怎样的风筝呢？

生：我认为是一只原本想做成像蝴蝶样，而实际上什么都不像的风筝。

师：你读书真细心。

生：我认为是一只被作者他们称为"幸福鸟"的风筝。

师：不是什么都不像吗？怎么又被称作"幸福鸟"呢？

生：因为在孩子们的眼里，像什么并不重要，重要的是那种快乐的心情。

　　师：看来，我们很容易被这样的一份纯真所感染，那么为什么孩子们还要把自己的名字写在上面呢？

　　生：因为风筝寄托着他们的憧憬和希望。

　　师：看来你已经真正理解了"憧憬"这个词语的意思，用在这里很准确。

　　生：因为他们想让自己也跟着风筝飞上蓝天。

　　生：我们知道人是没有翅膀的，根本不可能飞上天空。但是风筝可以，这也就是说，风筝可以完成孩子们的愿望。

　　师：是呀，当我们脚踏大地的时候，我们的心灵却可以像风筝一样飞翔在天空。

　　对于每个人来说，这种心灵的自由与快乐都是最幸福的事情。我注意到这一段当中还有这样一句话——"做个蝴蝶样的吧"，你觉得这句话可能是谁说的？

　　生：可能是作者说的。

　　生：可能是作者的小伙伴说的。

　　师：为什么作者没有注明是谁说的呢？

　　生：可能是过去的时间太久了，已经记不清了。

　　生：我觉得这不是重点，写不写都无所谓。

　　师：我觉得这句话应该这样说："是谁说的不是最重要的，重要的是童年做风筝那美好的一幕已经清晰地定格在我们的脑海中。"请同学们带着这样的一份美好与甜蜜再来读这一段。

　　（学生感情朗读，教师相机指导）

　　师：请同学们继续汇报。

　　生：（读文）"风筝越飞越高，在空中翩翩飞舞着，我们快活地叫喊着，在田野里拼命地奔跑。村里人看见了，说：'放得这么高！'"

202

师：大家看文中的这个"翩"字，左边是个"扁"，右边是个羽毛的"羽"字，又扁又薄的羽毛飞起来会怎么样呢？

生：飞得高。

生：飞得快。

师：你们通常用"翩翩起舞"这个词语形容什么？

生：形容蝴蝶。

生：形容像孔雀那样的鸟。

师：在作者的眼中，那只什么也不像的风筝就像你们眼中的色彩斑斓的蝴蝶、孔雀一样翩翩起舞。请你再来读一读，感受风筝的飘逸和作者的情怀。

（学生练习读，指名汇报）

师：村里人看见了，说："放得这么高！"他们究竟是怎样地说呢？你能想象得到吗？

生：村里人惊奇地说："放得这么高！"

师：这是说村里人感觉到不可思议。还有其他的说法吗？

生：村里人羡慕地说："放得这么高！"

师：村里人在羡慕什么呢？

生：羡慕"我们"把风筝放得高。

师：仅仅是因为把风筝放得高吗？你能否尝试着去理解一下它背后的意思？

生：羡慕"我们"无忧无虑的生活。

师：还记得我们刚才读过的诗句吗？（出示文字投影）村里人羡慕"我们"的原因就是——

生："儿童散学归来早，忙趁东风放纸鸢。"

师：是呀，我们拥有着无忧无虑的生活，拥有着那个年龄段独有的天真和快乐，这怎能不让人羡慕呢？请你带着这份孩子们的快乐和村里人的羡慕再来读读这一段。

（学生练习读）

【点评：在这一板块的对话中，王老师以"你觉得作者在做风筝和放风筝的过程中是一种怎样的心情？你从哪儿可以体会到他的心情？"作为阅读话题，引导学生潜心会文，通过与文本的深入对话，体察作者和他的伙伴们的心情，进而领悟放风筝所蕴含的自由、快乐、幸福的情感。王老师不仅仅将教学指向于对文章的理解，而是在理解的同时，引领学生品析语言。从实录中不难发现，王老师深谙语感教学的策略，"翩翩"的语象感，"憧憬"的语义感，"羡慕"的语境感，被王老师演绎得淋漓尽致。长期进行这样高品位的语感训练中，学生必定获得敏锐的语言感悟能力。】

生：（继续汇报，读文）"从早晨玩到下午，我们还是歇不下来，牵着风筝在田野里奔跑。风筝越飞越高，似乎飞到了云彩上。忽然吹来一阵风，线嘣地断了。风筝在空中抖动了一下，便极快地飞走了。我们大惊失色，千呼万唤，那风筝越来越小，倏地便没了踪影。"

师：你读得很好，我感受到了风筝飞走时孩子们的焦急。刚才这位同学读得非常好，谁还能讲一讲呢？

生：从早晨玩儿到下午，孩子们都不肯停下来，可见他们对风筝的迷恋。

师："迷恋"这个词语用得非常到位，我很欣赏。

生：不过是一只很普通的风筝，然而却让作者和他的小伙伴大惊失色、千呼万唤，足以看出他们对风筝的喜爱。

师：这里面谈到了"大惊失色""千呼万唤"两个成语，分别该怎样理解呢？

（板书：大惊失色，引导学生逐字理解。大：吃惊的程度。惊：吃惊。失：失去。色：颜色。大惊失色：表示因为吃惊而使得脸都变色了。）

师：我们再来看"千呼万唤"这个词语。（板书：千呼万唤）"千"

204

和"万"表示的意思是一样的，"呼"和"唤"表示的意思是一样的。"千呼万唤"的意思就是——

生：喊了很多遍。

师：从中你们可以感受到作者怎样的心情呢？

生：着急。

师：刚才我们读过的诗里面，哪一句就表示风筝飞走了，孩子们着急的心情？（出示文字投影）

生："忽听儿童急拍手，松梢吹落美人筝。"

师：是呀，孩子们着急得又是拍手，又是叫喊，如果是你，你会怎么喊？

生：风筝，你快回来！

生：我会觉得惋惜。风筝啊，你怎么丢下我们就飞走了呢？

师：不知道喊了多少声，不知道唤了多少遍，声声都饱含着我们的情感，这就叫作——

生：千呼万唤。

师：我们民族的文字当中，有很多词语都是像"千呼万唤"这样的组成方式。你能再举个例子吗？

生：千山万水。

师：这是形容走了很远的路，历尽了艰辛。

生：千言万语。

师：这是形容说了很多话，写了很多话，要表达的情感实在太多。

生：千军万马。

师：你们说这是形容什么？

生：兵很多，队伍很壮大。

师：我们回过头来再看，尽管"我们"千呼万唤，也没有留住风筝。有谁在接下来的文字中也体会到作者对风筝喜爱的感情了吗？

生：（读文）"我们都哭了，在田野里四处寻找，找了半个下午，还是没有踪影。"

师："我们"都哭了，为了一只怎样的风筝呢？（板书：我们都哭了，为了那只_____的风筝。）

生：我们都哭了，为了那只寄托着我们憧憬和希望的风筝。

生：我们都哭了，为了那只被我们叫作"幸福鸟"的风筝。

生：我们都哭了，为了那只什么都不像的风筝。

生：我们都哭了，为了那只承载着我们理想的风筝。

生：我们都哭了，为了那只装满了我们童年快乐的风筝。

（教师在学生回答时板书：希望　幸福　理想　快乐　童真）

师：这只让我们牵肠挂肚、寄托了我们这么丰富的情感的风筝到底有没有找到呢？（出示文字投影，课文的最后一段：我们向那房子跑去，继续寻找我们的幸福鸟……）

生：我觉得孩子们那么执着地寻找着这只风筝，一定可以找到的。

师：有没有人认为可能找不到？（很多同学举手）

师：不管风筝有没有找到，但是这些孩子一定可以找到的是——（指板书）

生：希望、幸福、理想、快乐和童真。

师：这篇课文的作者是谁，你们知道吗？

生：贾平凹（āo）。

师：板书并讲解。这个"凹"字在这里应该念"wā"，它并不是一个多音字。作者在陕西省的一个农村出生并长大，作者的父亲也是一个土生土长的农民，他给贾平凹起了一个小名叫"平娃"。他们那里的方言把这个"凹"字读作"wā"。当作者长大之后成了作家，进了城，他给自己起名叫"贾平凹"，我想可能是为了怀念在农村的生活吧。他常常对别人说："我是一个进了城的农民。"他写的很多作品都跟农村生活有关，最近他刚刚完成了一部长篇小说，叫作《秦腔》，感兴趣的话你可以找来看一看。

　　同学们，一只小小的风筝唤起了我们诸多的情感。其实不光是高鼎、杨韫华、贾平凹写到了风筝，还有很多艺术作品都是跟风筝有关的。我曾经听到过这样一首歌，歌名叫作《三月三》，我觉得这首歌的歌词和我们今天所学习的这篇课文的内容非常相近，现在请你来看一看。（出示歌词，教师唱给学生听）请同学们联系这首歌思考：《风筝》除了表达孩子们的童真、理想、对美好生活的追求以及童心的自由，还表达了什么样的情感？

又是一年三月三

风筝飞满天

牵着我的思念和梦幻

走回到童年

记得那年三月三

一夜难合眼

望着墙角糊好的风筝

不觉亮了天

叫醒村里的小伙伴

一同到村边

怀抱画着小鸟的风筝

人人笑开颜

抓把泥土试试风

放开长长的线

风筝带着天真的笑声

和白云去做伴

如今每逢春风暖

常念三月三

还有画着小鸟的风筝

和那小伙伴

风筝懂得我的心

朝我把头点

牵着我的思念和梦幻

永把我陪伴

（学生、听课教师热烈地鼓掌）

师：掌声过后是思考，你从哪些地方读懂了、听懂了作者的感情呢？

生：我觉得表达了作者对故乡的思念。

师：你从哪里读懂的？

生："记得那年三月三，一夜难合眼，望着墙角糊好的风筝，不觉亮了天"，就是说作者盼着小伙伴和自己一起来放风筝，童年无邪。

师："记得那年"，表示作者现在已经长大了，但是童年的生活却给自己留下了永远也忘不掉的回忆，那年的情景仿佛就在昨天。

生："抓把泥土试试风，放开长长的线，风筝带着天真的笑声和白云去做伴。"这是说作者对家乡的思念犹如一根长长的线，一直萦绕在自己的脑海里，他希望把自己的祝福和思念由风筝带给家乡。（掌声）

师：一头系着游子的情意，一头牵系着故乡的土地。你们理解得真好！这就叫作"乡情"。（板书：乡情）这一次，请你们再来完整地把课文读一读，体会作者对故乡的依恋、对童年的怀念。

（学生每人练习有感情地完整地读一遍课文）

师：同学们，其实在不同人的心中，风筝身上承载的情感也是不同的。刚才我们说贾平凹的这只风筝上承载着他的乡情、童真、理想、幸福，接下来我给大家带来了另外一只风筝。

208

师：（边出示诗歌，边配乐讲解）这首题为《风筝》的诗歌是我的一位网友写给我的。我在网络上有一个好听的名字叫溪桥。我的这位网友与我相距千里，可能在她的眼里，我就是一只风筝，于是她写下了这首《风筝》送给我，不知道你们是否能够读懂她对我的情意？能否读懂这只风筝上承载的是怎样的感情？（学生自由读）

风　筝

　　——致溪桥

当燕子剪去冬天的残云

系着美丽的凝想，我的"幸福鸟"

蘸着风儿，在碧空下

书写飞翔

目光越过一树一树的花开

念读，你一路洒下的透明诗行

……

牵一牵，你近了

放一放，你远了

长长的丝线，两头缠绕——

这头，是我温热的手心

那头，是你多情的眼睛

师：看到你们这么动情地读着这首诗歌，我不由地又想起了我的这位朋友。她的这只风筝向我传递的是什么呢？

生：虽然远隔千里，但是饱含着浓浓的友情。

师：（板书：友情）还有谁想倾诉？

生：我觉得这个朋友虽然跟你远隔千里，但是她……但是……

师：有的时候我们真的感觉到自己语言的苍白，好像不知道该用怎样的语言来表达这样一份珍贵的感情。我请别人来替你表达好不好？

生：（激动地点头）

生：她向你表达的是远隔千里，但是真挚、纯真的友情。"目光越过一树一树的花开，念读，你一路洒下的透明诗行"，是说你们虽然远隔千里，但是她经常可以看到你在网络上留下的一句一句美好的语言。

师：是不是真的这样？等一下有人会回答你。

生：这首诗就是有一种"海内存知己，天涯若比邻"的感觉，你们虽然远隔千里，但是心紧紧地连在一起。（笑声，掌声）

师：你从哪里读懂了我们的心紧紧地连在一起呢？

生："长长的丝线，两头缠绕，这头，是我温热的手心，那头，是你多情的眼睛。"

师：孩子们，你们真的很会读，你们是用自己的心在读。我要告诉大家的是，这首诗的作者此刻就坐在你们的身边。

生：啊！（睁大了眼睛在找）

师：想不想认识她？

生：（激动不已）想——

师：这首诗的作者就是你们吴江人，我的好朋友张学青老师。就像你们说的那样，她跟我远隔千山万水，但是我们的心紧紧地连在一起。你们是不是想听作者说一说，你们刚才体会得对不对？我们请张老师给大家说说。

张：我非常感动。我曾经以为现在的孩子离诗歌很远，并且告诉王老师孩子们要读懂这样的诗歌可能很难。但是吴江实小爱德小学的五年级的孩子们真的很了不起。我觉得，读不懂诗歌是正常的，但能读懂诗歌是超常的。（掌声）王老师是我的朋友，我们通过网络认识，我们有着共同的志趣爱好，比如说爱语文、爱课堂、爱学生、爱生活。我们都觉得能够给朋友温暖是生活当中非常美好和幸福的事情。这里面所说的"美丽的凝想"指的就是我们有着共同的志趣和爱好。我们相识三年，她在北京，我在吴江，不能够经常见面。我们就靠着网络、靠着电话、靠着那根长长的线，联系着，互通有无，交流对生活的体验和感悟，也分享快乐、分担忧愁。这首诗当中还有一句话我一定要告诉她，也一定要告诉大家："一脉细线，传递我37℃的恒温。"（学生表示不解）这里的恒温既是指人体的正常温度，也指友情当中非常宝贵的给彼此温暖和慰藉，同样也表达了我们对友情的美好憧憬。愿我们的友情如青青河边草一样，无论春夏与秋冬，一样的青翠——

师： 一样的勃勃生长。

【点评：这一教学环节，既出人意料，又水到渠成，王老师开发文本资源的能力可见一斑。教师由"民歌中的风筝"自然引出了"网络中的风筝"，并且将"真人"带进现场，让文字灵动起来，鲜活起来。从现场效果来看，这个教学环节拓展了风筝的内涵，激荡了孩子的思维，推进了情感的生发。】

师： 谢谢张老师。其实我们真的很难得这样直接地读到心灵与心灵的对话。因为我是到吴江来上课，所以我也特意选择了《风筝》这样一篇课文，我觉得在这样的时候，在这样一个地方，这样的一篇文章最能表达我这样的一份心情。同学们，你们已经读懂了作者的心。下面请你们通过朗读把体会到的这种友情的可贵读出来。（学生感情充沛地齐读这首诗歌）

师： 刚才我们学习了两篇《风筝》，感悟到了不同的人对风筝有着不同的情感。今天王老师还给大家带来了一篇题为《风筝》的文章的片段。说到它的作者，大家一定不会感到陌生，他就是鲁迅。（学生面露欣喜和激动的神情）鲁迅也写过一篇《风筝》，虽然他的有些语言很难懂，但是五年级的你，愿意挑战难题的你，大致还是可以读懂的，请你自己默读这个片段，看看鲁迅的风筝又承载了怎样的一份感情。

（学生默读，教师巡视）

生：作者原来以为放风筝是不好的事情，后来才知道儿童时代应该是以玩为主的，风筝是儿童最好的玩具。

师：你读懂了一部分。课文里的确讲到了"放风筝是没出息的孩子才喜欢的玩意儿"。

生：我读懂了歉意和亲情。因为他看过一本儿童书之后，感到自己的做法是对弟弟精神的一种虐杀。当他想补过的时候，为时已晚，他们都已经是长了胡子的人了。

师：鲁迅曾经为自己的做法而内疚，这的确是一份愧疚的亲情。

生：其实鲁迅也是很爱弟弟的，但是他对弟弟的那种爱让弟弟感觉到难受和失望。

师：所以当他明白"游戏是儿童最正当的事情，而玩具是儿童的天使"的时候，那份对弟弟的愧疚就更加啮噬着他的心。爱也好，愧疚也罢，这只风筝上重重地书写了两个字，那就是——

生：亲情。

师：（指板书小结）同学们，我们从贾平凹的风筝中，感受到了童真和乡情；从张老师，也就是我的朋友小青的风筝中感受到了纯真的友情；从鲁迅的这只风筝上体验到了亲情。看来，每个人对风筝都有着独特的感受，有着独特的解读。那么，属于你自己的风筝上又书写着什么呢？接下来请你们在纸上写下自己对风筝的理解。黑板上的词语可以用，也可以不用。喜欢像张老师那样写诗的同学也可以写诗。

（学生配乐写话，大约10分钟，教师巡视、指导。）

生：春风吹过飘落叶，我家池头做风筝。蓝蓝的天上飘着云，美丽的风筝载着我们的童年向上飞……

师：谢谢你用语言给我们营造出了这样一幅春景图，我想帮助你修改一下前两句："春风吹过叶儿青，我家池头做风筝。"你看这样可以吗？

生：可以。

生：风筝在天空中自由地飞翔，留下的是我的快乐，带走的是我的悲伤。

生：风筝是那样普通的玩具，只有薄薄的一张纸，可是当我把它拿在手里时，却是那样沉甸甸。当风筝凌空腾起的那一刻，那种愉悦的感觉随风拂过，沁人心脾，仿佛带走了我所有的烦恼。风筝在天空中翩翩飞舞，那是我会飞的化身，尽情在天地间翱翔……

（听课教师报以热烈的掌声）

师：孩子们，为你们自己的精彩鼓鼓掌吧！

生：风筝是我童年的理想，风筝是我童年的快乐。看那翩翩飞舞的天使，掀起我对风筝的记忆，看那翩翩飞舞的天使，打开我尘封的记忆。那一根细细的麻绳，是一种温暖的友情；那一个个风轮，是一种亲情。

师：我不知不觉地受到她文字的感染，也想来读读这首诗。可能个别地方会有一点变化，请你认真听。风筝是我童年的理想，风筝是我童年的快乐。看那翩翩飞舞的天使，掀起我对风筝的回忆，看那翩翩飞舞的天使，打开我尘封的记忆。那一根根细细的麻绳，牵系的是一种纯洁的友情；那一个个小小的风轮，转起的是扯不断的亲情。

【点评：每一个学生都是一个独立的、与众不同的言语生命。在师生的交往与对话中，教师最要紧的是学会对学生言语个性的尊重。教师应确立这样的观念，对学生的言语作品来说，没有不好，只有更好。教师绝不能伤害学生的言语自尊，只要学生表达的是自己的感受、自己的生命体验，即使学生的作品很差也要重在激励，即使再差的作品也会有一些亮点，教师要善于发现这些亮点，应该表现出对这些学生言语表现上的充分信心。一个学生的言语自尊一旦受到了伤害，那将是永远都无法挽回的。教师对言语的摧残，就如鲁迅说的有些批评家对年轻的作者做的，是在嫩苗地上跑马。这种肆意的践踏，所造成的恶果怎么说都不过分。教师不当的教学方式带给学生的不只是一时一地的伤害，而是对一个前程灿烂的言语生命的扼杀，是对天才的扼杀。王老师在这个地方处理得非常巧妙，她先是充分肯定孩子的语言表达，并说自己也被感染了，接下来告诉孩子"老师也想来读读句话，请注意个别地方会有改动"。这是一种基于尊重的点化，大雪无痕，如羚羊挂角。这一细节，折射出王老师对学生的智慧的爱。】

生：（有感情地）一只小小的风筝，一只普通的风筝，载着我的憧憬和希望，飞向远方……飞到首都北京，向冉冉升起的国旗敬个队礼，向毛主席的故居鞠个躬；飞到那千年古城南京，向孙中山遗像献朵花，在玄武湖旁吹着湖风，心如洁玉……最后飞到西藏，向藏族人民送上一份真挚的友谊，置身布达拉宫享受佛教的神圣……一只小小的风筝，一只普通的风筝，带着我对祖国的热爱，飞向远方……（热烈的掌声）

师：（激动地）孩子们，刚才我们从不同的风筝上，体会到了不同的感情，譬如：乡情、友情、亲情。你们从这位同学的风筝上又体会到了什么样的感情呢？

生：对祖国的热爱之情。

师：（板书：爱国情）这位同学的思路非常独特，很了不起。不过我告诉你，天安门不是毛主席的故居，你可以把它改成"毛主席工作或者生活过的地方"。

生：（深情地）哥哥，你还记得吗？在小时候，风筝一直是我们的最爱。年年一开春，我们就扯着风筝，往田埂上跑。我在一旁叫，你在一边跑，放得那么高！现在，你已经不在我身边，但风筝依然是我俩的最爱，依然是我们互相思念的象征。如今，看着挂在墙上一年的风筝，我就不由地在想：哥哥，等你毕业了，等燕子飞回来了，等花儿重开了，等草儿再绿了，我们再一起扯着风筝放飞，放飞我们的希望，好吗？（热烈的掌声）

师：（眼里含着感动的泪）我想：让我们每个人都怀着一颗美好的心，一颗憧憬心，在风筝身上放飞我们的希望和理想。今天的课就上到这里，下课。

儿童立场与文体意识

——听唐睿《美人树》阅读分享课之随想

　　班级读书会是孩子们分享交流阅读体验的平台，好的话题设计是影响读书会成效的关键。在我看来，让学生经历真实的阅读过程和深刻的阅读体验，是设计好一节读书会的前提。《美人树》班级读书分享课的三个板块，始终围绕着学生课前完成的一份预读单展开。预读单既是对学生独立阅读的引导，也是学生独立阅读后对文本的一种回应。根据学生预读单反馈来设计读书会深入探究的话题，体现了以生为本的理念，也为整堂课提供了讨论与表达的支架。例如：第二板块的交流中，老师将预读单中学生梳理的"最意外的故事情节"进行了统计，根据统计结果聚焦到意外指数最高的话题，让学生有话可说，再通过一个开放式话题设置情感冲突，将问题引向深处，让学生有话想说。

　　童话不仅有想象奇异的情节，多姿灵动的语言，栩栩如生的人物形象，更有着"真善美"的精神力量。这堂课重点聚焦意外指数最高的"土豆再次借脚"的情节，通过师生分角色演读，"亲历"童话故事场景，设计了"如果当时你也在场，你是赞成土豆的做法，还是认同朋友们的说法"的开放式话题，让学生联系自身，联系书本，与同伴协同分享，进行现场辩论。童话中善良宽容的土豆形象，为了梦想执着追求却把自己的快乐建立在别人痛苦之上的冬小青形象，随之渐渐鲜活丰满起来。在思维碰撞中，学生不断修正自己的观点，从片面走向全面，从肤浅走向深刻，发展了思辨能力，丰富了对童话的认识。在第三板块比较原文和老师写的结局时，更是引发了"童话"与"现实"的思考。在师生对话、生生对话、与作者对话的过程中，孩子们感受到了故事结局摄人心魄的力量，孩子们的内心因童话变得更柔软，也更愿意相信童话，感受到真善美的能量。

唐睿老师的成功演绎，揭示了班级读书分享课的秘密：儿童立场与文体意识——以儿童的阅读认知为设计原点，以文体特征的凸显为分享支点，那么，班级读书分享课，就会精彩纷呈。

🍃 **教学实录** \\\

第一板块：梳理故事情节，进入童话世界

师：上个学期，我们共读了作家汤汤的不少童话，有《喜地的牙》《来自鬼庄园的九九》《一只蛤蟆叫太阳》等。这段时间，我们读了她的最新作品——《美人树》，并完成了预读单。这节课，我们就围绕这份预读单，来聊聊这本书。

师：（出示预读单第一板块）大家都已经用自己擅长的方式，梳理了童话的故事情节。我们来欣赏一下部分同学的作业。你喜欢她们画的情节图吗？

生：我喜欢第一位同学画的，她是用连环画的方式来画的，生动形象。

生：第二位同学的情节图也不错，很简洁，让人一看就明白了童话大概讲了什么。

师：（出示第三位同学作业）我们不少同学都像这位同学一样，用环形图或直线图的方式来梳理童话的情节。你能不能借助情节图向在座的老师们介绍一下，这个童话讲了什么呢？

生：冬小青是一棵冬青树，她渴望自由，在一个中秋夜她骗了一位叫小美的小女孩。小美替冬小青当了三十年的树，然后也在一个中秋夜骗了

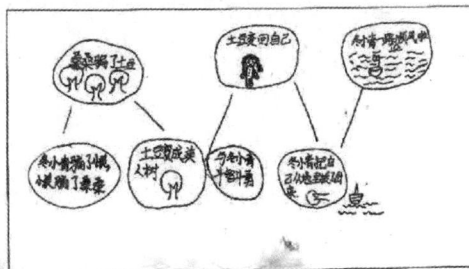

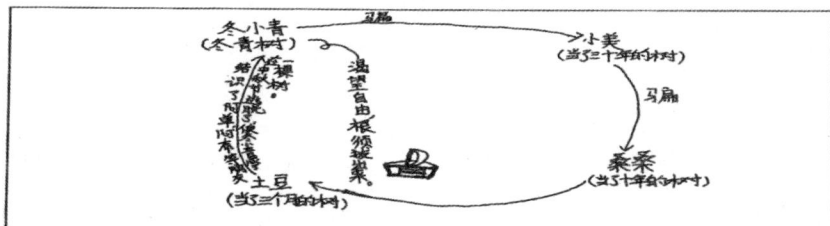

女孩桑桑。桑桑当了十年的树后用同样的方法欺骗了女孩土豆。土豆当了三个月的树后，趁冬小青中秋夜回来吸取养分的时候，在朋友帮助下逃脱了，变回了人。后来土豆觉得冬小青太可怜了，就常常去陪她聊天。冬小青为了获得真正的自由，把自己的根须从土里拔出。最后，土豆把冬小青做成一条船，完成了冬小青远行的愿望。

师：看着情节图回忆故事内容，一下子就能勾起我们的记忆。以后我

217

们再读童话，可以继续用这样的方法来梳理情节。先找出书中有哪些角色，然后想想他们之间发生了什么联系，再用线条连一连。这样，一本厚厚的书就变成了一两个画面，留在了你的脑海里。

【点评："要能抓住整本书的大意……一篇故事的大意总是在情节之中。你不仅要能将整本书简化为大意，还要能发现整本书各部分是如何架构起来的。"（莫提默·J. 艾德勒/查尔斯·范多伦《如何阅读一本书》）阅读中长篇童话，整体把握童话的情节和框架，是极其重要的一种能力。唐睿老师在这个板块的教学中，利用预读单，让学生用简洁的线条和简单的文字，梳理基本情节，搞清人物关系，很快地将整本书的框架梳理得一目了然。从课堂呈现来看，孩子们的"情节图"画得生动形象、各具个性。一本书的内容与架构就是在这样的勾画中，逐渐在孩子们的脑海中清晰起来。这，也是"图像化"阅读策略的自觉渗透。】

第二板块：聚焦"意外情节"，感受童话张力

师：我们在读这个童话的时候，都感觉到故事中有很多情节出乎了我们的意料，大家已经把它梳理在了预读单的第二板块中。你给哪个情节的惊讶指数打上了五星呢？

生：我给"冬小青变回树后，又向土豆借脚，土豆居然同意"的情节打上了五星。

生：我对"冬小青借完脚，居然又回来了，把脚还给了土豆"这个情节很惊奇。

生：最让我惊奇的是童话的最后"冬小青把自己从土里拔出来了"。

生：那棵冬青树居然能变得上半身是人，下半身是树，太神奇了！

师：这棵树不仅能变成半人半树的样子，还有更神奇的情节呢。

生：她还可以和别人互换身体——

师：是啊，很多同学也有同感。唐老师对你们的预读单作了统计，和刚才发言同学说的不谋而合。（出示统计图）

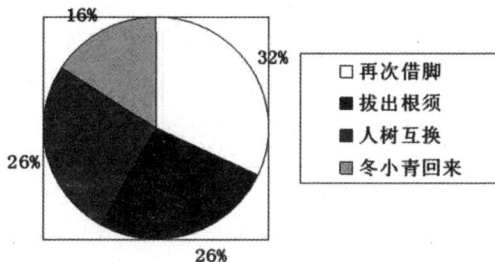

师：有32%的同学对"土豆愿意再次借脚给冬小青"感到很意外；还有26%的同学对"冬小青居然拔出根须"和"人树身体可以互换"感到很意外；还有一个意外指数较高的是"冬小青居然回来了"这个情节。为什么"土豆愿意再次借脚"这个情节的意外指数这么高呢？我们来研究研究。大家先回想一下，土豆当时是在什么情形下再次借脚的？

生：土豆已经变回自己，在陪冬小青聊天时，冬小青提出再次借脚的请求。

师：他说到很关键的一点——土豆已经变回自己。

生：我作个补充——土豆已经被骗过一次，已经在离开自己的生活那么久以后，再次面对这个问题。

师：补充得很好！让我们打开书本第128页和第129页，再次走进当时的情境。我们来分角色读一读土豆、冬小青和她的朋友们的一组对话。

（师生分角色朗读对话）

师：同学们，土豆和朋友们的意见发生了分歧。如果当时你也在现场的话，你是支持土豆的做法，还是赞成朋友们的说法？请你慎重地想一想。现在第一排同学座位前分别有红色和蓝色的纸卡，如果你支持土豆的做法，你就去拿一张红色的纸卡；如果你和土豆的朋友们有一样的想法，就去拿一张蓝色的纸卡。拿到纸卡后，用记号笔写上你的理由，写一两个关键词就可以。写好以后，可以就近找到和你拿相同颜色纸卡的同学交流交流各自的观点。

（时间约 3 分钟）

生：我的观点是同意借脚。冬小青十分渴望自由，而土豆是冬小青的朋友。土豆曾经说："朋友之间要坦诚，要为对方着想，要互帮互助。"所以我觉得应该借。

师：所以你写的关键词是——渴望自由、互帮互助。

生：可是几个月前，同样一张脸，问过土豆同样的问题，然后却一去不复返了，谁知道她会不会再回来呢？而且冬小青说过她还会再骗人，谁知道她会不会再骗土豆呢？会不会再让土豆失去爸爸妈妈呢？会不会再让土豆失去自由呢？

师：是啊，冬小青不讲信用啊。

生：可土豆自己也认为冬小青是棵很可怜的树呀，为了让她更快乐一点，应该把脚借给她。

师：你为什么认为冬小青可怜？

生：她是一棵树却有着远行的愿望，她没有一颗安静的心，她渴望自由行走，就连做一条毛毛虫她也愿意，可她的生命却在一棵不能行走的树上，所以她觉得自己是棵可怜的树。

生：我还是不同意借。她骗过人，虽然我们每个小孩子都有一颗善良的心，可是我们的同情心不能被骗子利用。

生：我也不愿意。万一她不回来了，我岂不是吃亏了？难道土豆没有读过《农夫和蛇》的故事？

生：我也不同意。这件事情中所有的欺骗都是由冬小青引起的，她总是把自己的快乐建立在别人的痛苦之上。

师：如果冬小青真的不回来的话，也许会发生什么可怕的后果？

生：土豆的爸爸妈妈和好朋友会因为找不到土豆而伤心。

生：有可能和小美一样，她的爸爸妈妈也因为失去女儿伤心过度而死。

生：土豆有可能永远当一棵树，再也不会变成人了，因为她是不会和其他人一样，用欺骗的方法重新变回人的。

师：也就是说所有的痛苦经历都会重演，甚至可能一辈子也无法回到她原来的生活。

生：而且她新交的好朋友也不会再理她了。她的同伴都说了：如果她再借脚给冬小青，他们就不理她了。

生：我反对他的意见。虽然好朋友嘴上这么说，实际上他们心里是为土豆难过的。因为他们还是朋友，这只是在劝土豆。

师：那么土豆到底为什么会这样坚定地要把脚借给冬小青呢？

生：因为她一直希望冬小青快乐一点，而冬小青说了她只要去吃了自己种的那个橘子就会快乐，所以土豆愿意把脚借给冬小青。

生：这是冬小青的一个愿望，土豆想帮助她实现愿望，所以要再一次给冬小青机会。她也相信冬小青会改变的。

生：朋友之间就应该互相信任、互相帮助的。

师：刚才那么多同学都说反对借脚给冬小青。我想再问大家一个问题，假如你是冬小青，土豆一而再再而三地对你说："我相信你！"你还会骗她吗？

生：我不会再骗她了。土豆这么相信你，你居然还去骗她？你的心里会觉得对不起她的。毕竟她是你的朋友，这么信任你的朋友。

生：我也这么认为。如果冬小青再骗土豆，就意味着她会失去这个到现在还这么信任她的朋友。

师：很多同学不愿意借脚，其实只是担心土豆会再次受骗，再次饱尝当一棵树的滋味。而土豆却选择愿意相信冬小青，给予她帮助，给她再一次实现愿望的机会。还好，冬小青果真奇迹般地回来了。

师：就在她回来后不久，更让我们震惊的是冬小青把自己的根须从土里拔出，从此南霞村的村口只剩下了十二棵树。（配乐读故事的结尾）

师：此刻，冬小青顺流远去，当她听到土豆的呼喊，会想什么呢？

生：土豆真是我的好朋友，原来被一个人爱着这么幸福。如果有机会，我一定会带着土豆周游世界。

师：冬小青感受到了友爱的幸福！

生：土豆，谢谢你！你在我悲伤的时候陪我说话，你在我无理的请求下答应借脚给我。我为有你这样的朋友而庆幸。谢谢你对我的信任！谢谢你那颗善良的心！

生：谢谢你，亲爱的土豆！谢谢你对我的信任，是你让我学会了善良；谢谢你把我做成了小船，实现了我远行的梦想。

师：土豆的善良、理解和信任，感化了冬小青，也温暖了我们的心灵。这个童话故事之所以这样吸引我们，就是因为读着这些出人意料、一波三折的故事情节，我们不由自主地融入童话中。书中的土豆、冬小青这些童话形象也深深地留在了我们心里。这就是作者的高明之处。

【点评：好的童话故事，总是以引人入胜的情节吸引读者。"在阅读童话的过程中，小读者其实就是童话主人公的玩伴，他跟随着童话主人公的形迹，如临其境，感同身受。"（汤锐语）汤汤的童话，在故事情节的经营上，有着独特的魅力：看起来波澜不惊的叙述中，蕴藏着巨大的情感张力。这种张力，就在于她善于将童话角色置于一种"意料之外"与"情理之中"的矛盾统一体中。因此，她的好多童话都会让小读者欲罢不能。唐睿老师抓住了汤汤童话的特质，在预读调查的基础上，提炼出"如果当时你也在现场的话，你是支持土豆的做法，还是赞成朋友们的说法"这一极富思维含量的问题，带动了孩子们对整本书的深度阅读。这个问题，如一块巨大的石子，投入孩子们的心湖，激起涟漪无数。孩子们认真阅读全书，寻找支持的理由，在小组分享的基础上整合观点，并进行真刀真枪的辩论。思维的火花，在课堂闪烁。孩子们对童话本质的认识，因辩论而逐渐走向深入。唐睿老师的成功演绎，也给我们这样的启示：教师要善于设计能激发孩子们言说欲望的话题，以话题点燃思维的火花。这才是好的班级读书分享课。】

第三板块：参与"结局"构想，与作家"对话"

师：同学们，交流到现在，你还有什么特别想问的问题吗？

生：冬小青最后漂到了哪里？接下去还会发生什么故事呢？

师：这个问题和很多同学在预读单中提到的一样。老师课前把大家提的问题作了整理。（出示预读单第三板块）我发现大家的问题主要有这样几类：一类是关于作家汤汤写这本书的灵感来自哪里；一类就是关于冬小青未来的命运以及土豆系列什么时候能够全部出版。还有一个特别有意思的问题：冬小青那么渴望自由，她借了土豆脚后，居然守信回来了，这让我很意外。不知道汤汤老师有没有想过，把故事的结局写成冬小青没有回来呢？

你有没有想过呢？我顺着这个思路写了一个结局——土豆等到天亮，等到天黑，再到天亮，再到天黑……一天又一天，一月又一月，再怎么等，冬小青还是没有回来……你喜欢唐老师写的这个结局还是汤汤老师写的结局？

生：我喜欢汤汤老师的结局。我一般都喜欢快乐圆满的结局，悲伤的结局我不太喜欢。

生：我喜欢汤汤老师写的，童话一般结局都是很美好的。唐老师写的结局有点悲伤，和一般童话比太另类了。

师：童话的结局可不都是很美满的哦。

生：对！童话结局不一定都美满的呀！比如我们上学期读的《小学生老舍读本》里的小白鼠最后不就是被猫给吃了吗？这个结局不是让人很悲伤的吗？

生：我觉得从现实角度来看，唐老师写的结局是更好的。

生：我觉得千篇一律的大团圆的结局会不会太单调了。有些故事一开始我就能猜到后面的结局是什么了。

师：就是说我写的结局更让你有意外的感觉，是吗？

生：我觉得汤汤老师的结局也一样是让人惊讶的。大家都看到了冬小青之前是这样一个有点自私的人，但是最后她还是回来了，这样的结局比较温馨。

师：是啊，像你所说的，有点自私的冬小青，最终被土豆的善良、信任所感化，这样的结尾更有种打动人心的作用。课前我就这个问题采访了汤汤老师，想听听她自己怎么说吗？（播放视频）

汤汤：你们问我在创作《美人树》故事结局的时候，有没有想过写冬小青不回来的结局，这个问题问得真不错。确实，在我们现实生活当中，是有一些人会一次一次地辜负别人的善良和信任，做出一些不美好的事情。但是，我很真诚并负责任地告诉你们：我在写作的过程当中，没有过一丝一毫的犹豫和纠结，我心里想的就是冬小青会回来，她肯定会回来。因为她的心感受过土豆的天真、善良和宽容，感受过土豆信任她的幸福和美好。当然，童话并不都要写美好的结局。《美人树》的结局也并不是大团圆的，它是有些悲壮的。我相信冬小青的回来比不回来带给读者的精神力量和心灵慰藉要大很多很多。

师：汤汤老师不仅回答了我们的问题，还给我们留下一个小任务。（播放视频）

汤汤：同学们，我最近刚完成了土豆系列的最后一个故事《雪精来过》。它的开头说的是冬天快过去的时候，土豆想办法留下了一个小雪精。

小雪精最大的本领当然是下雪啦。我想请你们发挥无与伦比的想象力，想象一下：小雪精会给南霞村带来什么？土豆又会经历些什么事情呢？等《雪精来过》出版了，我会把它奖励给你们当中写得最好的几位同学哦！

师：那就让我们发挥奇思妙想，创作一个属于你的"土豆和雪精"的童话。这节课我们就聊到这里。下课！

【点评：教学推进到这一板块，给人以别有洞天之感。真乃"一波未平，一波又起"！老师在梳理学生真实阅读问题的基础上，又一次引出了《美人树》另一个"出人意料"的情节点，引发学生对结局的大胆解构与质疑，进而引发作者汤汤的闪亮"登场"——汤汤的"原声微课"，也是这节课"意料之外又情理之中"的情节。作家汤汤的解答，既回应了学生的真实问题，又带给孩子们喜出望外的阅读体验，更激发了他们阅读汤汤新作品的浓厚兴趣。】

习作讲评，不妨细一点

——听管建刚上作文讲评课

管建刚老师的作文讲评课，主要特点是以精彩分享为起点，以问题呈现为关键点，以二次练笔为生长点。这三点，值得我们一线教师借鉴与学习。

一、精彩分享：体验表达快乐

重指导、轻讲评，是当前作文课的普遍倾向。偶尔的讲评，教师对学生的习作欣赏，亦如蜻蜓点水，泛泛而谈，对提高学生的写作能力帮助不大。

管老师的作文讲评课，对学生习作的欣赏，绝不空泛、模糊，而是非常具体、细致，从题目、句子以及表达方式入手，让学生清晰地认识到：怎样的标题是好的标题，怎样的表达是鲜活的表达。这种指导，非常到位、实在。被表扬的学生体验了成功的愉悦，其他学生也在分享的过程中，获得了豁然开朗的启悟。

更重要的是，教师以欣赏者、发现者的姿态出现在学生面前，用心批阅，发现亮点，分享精彩。这种习作分享，其作用是巨大的。作文讲评课，要以欣赏和分享为基点。

二、毛病诊断：指出共性问题

管老师的作文讲评课，最见功力，也最关键的，是诊断环节。

不少教师热衷于课堂上即兴点评学生作文，却往往因自身语文功底不够扎实而"就文评文"，导致"只见树木，不见森林"，过度关注了一篇文章而忽视了一类文章。那么，怎样的评讲是最有效的？管建刚老师用自己的探索，为我们做出了全新的示范。他认真地阅读每一篇作文，归纳出学生作文普遍存在的"关联病""重复病""材料搭配缺乏内在联系"等"常见病"。而这些"常见病"往往长期潜伏于学生的作文中，没有引起教师的足够重视。管老师将问题进行归类梳理，用当堂修改、直观对比的办法，引导学生认识这些"毛病"的害处，这比教师帮学生改出所有病句、错别字要有价值得多。

作文讲评课，教师要善于指出"一类问题"，而不是"一个问题"。

三、二次练笔：提高讲评效度

很多教师在作文讲评课上，惯于罗列一大堆问题，却无法为学生提供解决问题的策略。这节课上，管建刚老师敏锐地捕捉到了该班学生写人作文中存在的主要问题：选材缺乏内在联系。对这一问题，绝不能轻易放过，而要重点解决。

如何引导学生深刻认识这一问题？管老师采用了"类比"法。即采用"有些菜不能放在一起炒"这样一个形象的比喻，让学生明白"故事炒故事"需要考虑故事的内在关联。继而当堂剖析几组"故事"，让学生练习重新搭配，让整篇文章因为故事的巧妙搭配而鲜活灵动。

这个环节，是本节作文讲评课新的"生长点"。教师将学生的思维引向了对文章整体的观照，而不是仅仅停留在局部上。作文讲评课，要着眼于整体，着力于局部。

管建刚老师的作文讲评课，朴实、扎实、高效。这样的作文讲评课，我们要学的不只是招式，而是背后的理念：习作指导，不妨粗一点；习作讲评，不妨细一点。

教学实录

一、欣赏

1. 欣赏好题目

师：同学们，平时看报，你们喜欢看什么文章？

生：有兴趣的。

师：以什么来判断"有兴趣"？

生：标题。

生：作者。

师：对，一看作者，二看标题。标题很重要，给作文取一个好标题，是一个很重要的写作能力。我很喜欢这些题目：（出示）

《老许》——吴宇峰；《杨梅》——张豪威；《昆虫类》——陆忆雯

师：不是说写同桌吗？怎么出来了"杨梅""昆虫"？它们很吸引我。很多同学作文的题目就叫《我的同桌》，我不喜欢。我还喜欢这样的题目：（出示）

《同桌"雪碧"》——余晓晴；《"杂牌"班长》——夏鑫；《"凶"同桌》——藤康康；《"脏同桌"》——蔡江淇

师：要给作文取个好题目，就像爸爸妈妈绞尽脑汁给你们取一个好名字一样。你的作文就是你的孩子。

2. 欣赏好句子

师：感谢以下同学，你们的作文给我带来了阅读的享受，大家来看这些句子：（出示）

我只要一听到歌声，就会忍不住开怀大笑，这怎么会是歌呢？也太难听了吧，唱得五音不全，上气不接下气让人反胃。——陈雨雯

师：歌声让人反胃，多么新奇的表达。写作文不只是把意思写出来，还要有一种让别人意想不到的效果。再看：（出示）

那个好像年过半百的老师，曾经教过我们的数学老师，他说的话，一不像普通话，二不像天台话，说出来像天台普通话。——陆忆雯

师：陆忆雯，我有个老师，普通话也不好，害得我的普通话也不标准。下次遇到他，我要跟他说：你说的话，一不像普通话，二不像吴江话，说出来的话——

生：（笑）像吴江普通话。

师：这个句子的结构，我喜欢。继续看：（出示）

只要下午放学我还没有抄好——

师：没抄好，你们一般会有什么惩罚？

生：写说明和留下来。

师：一般我们会说还没有抄好"就要写说明"，这大家都会写。范雨杰的，只有他会写，他这么说——（出示）

那么600字的说明书就要在我这儿安家了。

师：你说的，大家都这么说，这不叫写作文，这叫写作业；你写的，别人想不到，那你就是在写作！像范雨杰这样写作的，还有——（出示）

他的精神十足、直插云霄的头发里，藏着一些恶作剧、耍花招之类的东西。——张剑清

师：有的同学读了张剑清的话，脑子转了三圈儿，哦，原来是这意思啊。什么意思？

生：是说他很调皮，喜欢搞恶作剧。

师：真的是他的头发里有恶作剧吗？

生：不是，是他的脑袋里有很多恶作剧。

师：张剑清，我会记住你很长一段时间，为你的一句话。写作文，可长可短，一定不可以的是每句话别人都说过。一定要有一句话，像张剑清、范雨杰那样的话，作文才有真正的进步。继续看：（出示）

你问这是谁画的？没错，正是本人——的前桌。

师：这个破折号，太有才了。有才的，还在后头——（出示）

怎么样？不亚于那些所谓的职业画家吧？她的画可是获得过"专业证书"的。嘻嘻，是本人颁发的。——杨心怡

师：大家都被作者的风趣、幽默折服。写作文不只是把意思写出来，还要吸引人。再看下面的：（出示）

他常整我，我还是很同情他。他在班里属于拳头不硬的一类，常被欺负。我一般都会上去帮忙——

师：帮什么忙呢？

生：帮他一起打架。

（师出示）帮欺负他的人欺负他。报仇吗！哈哈！

（生大笑）

（师出示）以上并不属实，因为他和我的关系十分好。

（生大笑）

师：我仿佛看到小男孩儿曹嘉伟把写作当作游戏来玩，写作就是这么有意思。再看——（出示）

我告诉你一个秘密，她的手很有力，＿＿＿＿＿＿。——藤康康

师：后面会写什么呢？

生：捏人一把青了一块。

生：拍人一掌肿了一片。

（师出示）都不像个女孩儿了。

（生大笑）

师：藤康康，你麻烦了。你这样写同桌，她会放过你吗？（生大笑）看看你的同桌怎么写你：（出示）

藤康康长得十分搞笑：贼眉鼠眼，眼珠儿一天到晚转个不停，老想着整人；一张扁扁的嘴巴，活像唐老鸭；最引人注目的是他那大大的鼻子，两个鼻孔朝上长，生气时就像斗牛的鼻子，喷着粗气，使出铁头功；大大的招风耳朵像两把扇子，无风自动。——范佳芯

师：后面四个字，最精彩。

二、挑刺

1. "关联"病

（出示）因为他不太喜欢科学老师，所以科学课或科学考试他都不认真对待。

师：删去"因为/所以"，句子会更通。语言本身很流畅，不需要用关联词这个胶水。这是一个病：关联病。

（教师出示从学生作文中选出的病句，学生当堂练习修改）

2. "重复"病

（出示）"老许"叫许胜男，"老许"是大家对她的叫法。所谓"胜男"呢，是说她的本事超越了男生，所以就叫"胜男"。

师：自己读，有什么问题？

生：重复了。前面说老许叫许胜男，后面又说所以就叫胜男。

师：你们说这是重复。老师管这个病叫"少年痴呆症"，知道为什么吗？

生：得了痴呆症，才会把前面刚说过的话忘记，再说一遍。

师：这病要不得。我们班得这病的人还真有好几个。请看——（出示）

他是一个活泼开朗的高大的人。他的脸圆圆的，身体胖胖的，眼睛大大的，一个小小的嘴巴，还有两个深深的酒窝，人长得很高。

我们组的多多是一个高大的人，他虽然有高大的身材，但他有一个致命的弱点——口吃。

（教师指导学生修改病句）

师：这是第二个病，一起读。

生：重复病。

师：这个病有一个外号——

生：少年痴呆症。

三、指导

1. 讲解

师：这次作文写人，一件事写一个特点的，6篇；几件事写一个特点的，5篇；几件事写几个特点的，36篇。第一、二种，都写得不错。一件事写一个特点的，如庞方涛的《一块橡皮》，借一块橡皮的故事来写同桌，很好。几件事写一个特点的，如张豪威的《杨梅》也不错。难的是第三种。

2. 类比

师：你们炒过什么菜？

生：西红柿炒鸡蛋。

师：（出示菜的图片）红色的西红柿，金黄的鸡蛋，酸酸的，香香的。要是豆腐炒鸡蛋，想想都没有胃口……这是什么菜？

生：青椒炒土豆。

师：要是换成青椒炒青菜？

生：不行，都是青的。

师：炒菜，要看菜的颜色、营养结构能不能搭配。我们写作文，写两个以上的故事，也要想想能不能搭配，能不能一起"炒"。

3. 阐述

师：我们看下面几篇作文及其内容概括——（出示）

《美人鱼》：善于观察，多嘴老太婆。

师："善于观察"炒"多嘴老太婆"？

（生大笑，师继续出示）

《我的同桌》：搞笑，小气，体育厉害。

师："搞笑"炒"小气"炒"体育厉害"，什么逻辑？（接着出示）

《我的同桌》：学习不好，跑步不行，跳绳好，经常打人。

师：整个一大杂烩！妈妈买了鱼、肉、芹菜、西红柿，洗了一下，就一锅煮吗？

生：不是。

师：你有了三四个故事，要选，选哪几个故事能放在一起"炒"。故事炒故事，要炒出一篇好文。有些故事不能放在一起写，正像有些菜不能放在一起炒，比如：（出示）

萝卜炒木耳——会得皮炎；

牛肉烧栗子——引起呕吐；

兔肉炒芹菜——容易脱发。

（生笑）

4. 练习

师：菜和菜的搭配，要选择，要考虑内在的关联。故事和故事放一起，也要考虑内在的关联。下文中这三个故事，哪两个能搭配？（出示）

《我的同桌》：同桌不和，同桌小气，同桌数学好。

生：第一件事和第二件事。

师：你发现了它们内在的关联了吗？

生：因为小气，所以同桌之间不和。

师：发现内在的关联后，故事炒故事就能炒出一篇好文。顺便把题目改为"小气鬼"。再看：（出示）

《我的同桌》：学习好，跑步不行，跳绳好，打人。

生："学习好"和"跳绳好"。

师：内在的关联是什么？

生：学习好，体育好，都是好的。

生："学习好"和"跑步不好"。有些人只重视学习，不重视运动。

师：说得真好。写之前想一想，故事能不能放在一起"炒"，这叫"构思"。

师：同学们，你们的文章要是"故事炒故事"出了问题，要改；你们的作文如果有"关联病""重复病"，要改。记住：文章是写出来的，写文章的能力是改出来的。下课！

一堂面向低段儿童的好课

——评许嫣娜《地球和它的七个兄弟》

现场听过许嫣娜老师的教学，每节课，都能给人如坐春风之感。许嫣娜老师是那种一进课堂，就能迅速赢得低年级儿童喜爱的老师。亲切的笑容、迷人的酒窝、丰富的肢体语言和方法多变的激励手段，让孩子们兴致盎然地参与课堂，欲罢不能。这节《地球和它的七个兄弟》，生动地诠释了许嫣娜老师高超的语文教学艺术。

概括地说，这是一节面向低段儿童的精彩好课。

一、激之以趣，让儿童兴致勃勃地学

低年级语文课，靠什么去吸引儿童？窃以为，首先要靠"趣"字。教师要千方百计激发儿童的学习兴趣，让他们在兴趣的驱使下，兴致勃勃地参与课堂。读完本课实录，"有趣"，是我的第一感受。课始、课中、课末，妙趣横生，趣味无穷。认真梳理，发现许嫣娜老师用了"动画激趣""游戏激趣""儿歌激趣"三大策略。

1. 动画激趣。没有儿童不喜欢看动画片的，尤其是低年级孩子。教学伊始，许老师就和孩子们聊起了动画片。《白雪公主》《葫芦兄弟》《熊出没》与《喜羊羊和灰太狼》，是孩子们喜闻乐见的动画片，故事情节和动画人物，孩子们可谓了如指掌。用这样的动画片来引课，目的有三：一是用熟悉事物作为话题，一下子打开学生话匣，拉近师生距离；二是通过动

画角色的梳理，初步建立"兄弟"概念；三是通过谈话，无痕入课。这样的开课，可谓"课伊始，趣即生"。

2. 游戏激趣。游戏性，是儿童的本质属性。没有一个儿童不喜欢游戏的。因此，在低年级教学中，引入游戏，既契合儿童的年龄特征，又能让教学起到事半功倍的作用。本课教学，许老师带着孩子们玩了三个游戏。第一个游戏是"配对读"，第二个游戏是"藏'的'字"，第三个游戏是"转呼啦圈"。三个游戏，三个目的。第一个目的，让学生很快圈出不同行星的特点，指向于信息提取；第二个游戏，指导读好"的"字，也是对偏正词组的有效积累；第三个游戏既巩固学习内容，又起到放松的作用。游戏，不是目的，而是一种贴近儿童的活动化学习策略。

3. 儿歌激趣。儿歌，节奏感强，朗朗上口，便于记忆。且，儿童对儿歌童谣具有天生的敏感性。课堂上，将所学的知识，以儿童喜闻乐见的儿歌、童谣呈现，这也是"面向儿童"的课堂特征。课快结束的时候，许嫣娜老师巧妙地借助板书，和孩子们一起总结、完善，板书，变成了一首有趣的儿歌。这既是对课堂教学的小结，也是很好的学习回顾。以儿歌的方式，进行强化记忆，做到了"课结束，趣更浓"。

这样有趣的语文课，谁不喜欢？

二、授之以渔，让儿童有章有法地学

语文学习，靠长期的语言材料积累与语言经验习得。语文学习，很多时候，是"默会"的。但，并不是说，语文学习，就不需要方法。学习方法，任何学科都是重要的。低年级语文学习，也要注重学习方法的适度渗透，努力让儿童有章有法地学。

本课教学中，许老师始终不忘"授之以渔"。从整节课的大板块来说，从"引出兄弟""感知兄弟"到"认识兄弟"，经历从"表象"到"本质"

的认识事物的基本规律。这样的课堂板块，由浅入深、由表入里，有意识地渗透了认识事物的方法。再从识字和理解词语的方法来看，本节课有很多精彩细节。"兄""王"两个字的识记与理解；"住着"和"住在"的意思比较；对"行星"这个词语的深度理解，都体现了许老师强烈的"授之以渔"意识。教师，不是简单地教给结论，而是把学习过程展开，让学生经历认识事物的全过程。这样的"经历"，就是"授之以渔"，就是"有章有法"。

很多时候，语文学习的过程，是被"折叠"起来的。教师只让学生死记硬背，不把过程打开。这样的教学，极为功利。语文教学，教师要善于"举一反三""点石成金"。

在这一点上，许嫣娜老师做得特别到位。

三、律之以严，让儿童扎扎实实地学

《语文课程标准》明确指出："基础教育阶段的语文课程的任务是激发和培养学生学习语文的兴趣，使学生树立自信心，养成良好的学习习惯和形成有效的学习策略。"可见，培养良好的学习习惯是小学语文教学的应有之义。其实，学习习惯的培养，是任何学科任何学段都必须要重视的。尤其是起步阶段的语文教学，更是要把学习习惯的培养，当作重中之重来对待。

本课教学中，我强烈地感受到，许嫣娜老师在每一个教学环节中，都极其重视学生良好学习习惯的培养。无论是正音、停顿、说话、朗读、书写，每个环节都有板有眼，一丝不苟。

这种一丝不苟，不是严苛，而是必要的规范。"冰冻三尺，非一日之寒"，良好的学习习惯养成，靠的是长期扎实的训练。

且看其中一例——

师：好的。他基本上读准了。但是想一想，刚才老师指导你们读课题的方法，可以在"地球"的后面停一停，后面的句子就能连起来。再关注一下逗号，这个小节会读得更有节奏。谁再来？

生：太阳系里，住着地球和它的七个兄弟。（有了停顿，但是"的"没有读出轻声）

师：声音真响亮，停顿刚刚好。你是刚才初读课文，最后一个读完的，你读得很认真，所以你读书一字不错，还注意了停顿。谁再来？注意这个"的"字，能不能把它藏起来，又轻又短？

生：太阳系里，住着地球和它的七个兄弟。（停顿还是不大合适）

师：音对了，停顿还可以做得更好。听老师来读。（师示范读第一小节）小朋友们自己再练一练。

（学生自由练读第一节）

师：谁再来读第一小节？请你。

生：太阳系里，住着地球和它的七个兄弟。（读得非常好）

师：非常棒！我们一起把第一小节读一遍。

单单一个段落的朗读环节，就足见许老师的一丝不苟。学生停顿不到位、轻声没读准，教师都不会放过，而是让孩子们反复练读。这样的片段，可谓俯拾皆是。

儿童初学语文，一定要狠抓习惯养成。很多习惯，低年级不抓紧，到中高年级，再改就来不及了。许老师深谙此道。因此，她在课堂上，始终扮演着"慈母"与"严父"的双重角色。也正因为这双重角色，她的课，才能和煦如春风拂面，扎实如学童练功。

这是课堂的艺术，亦是为师的责任。

一名优秀的教师，必定是"心中有责任""脑中有智慧""手中有方法"的。许嫣娜老师，就是这样的优秀教师。她的语文课，值得我们玩索的地方，还有很多。